10대와 통하는
청소년이 처음 만나는 싯다르타
불교

10대와 통하는 불교

제1판 제1쇄 발행일 2010년 5월 21일
제8쇄 발행일 2020년 1월 1일

글쓴이 | 강호진
그림 | 돌 스튜디오
기획 | 책도둑(김민호, 박정훈, 박정식)
디자인 | 김효중
발행인 | 김은지
발행처 | 철수와영희
등록번호 | 제319-2005-42호
주소 | 서울시 마포구 월드컵로 65, 302호(망원동, 양경회관)
전화 | (02) 332-0815
팩스 | (02) 6091-0815
전자우편 | chulsu815@hanmail.net

ⓒ 강호진, 2010

* 이 책 내용의 일부 또는 전부를 재사용하려면 반드시 저작권자와 철수와영희 양측의 동의를 얻어야 합니다.
* 잘못된 책은 출판사나 처음 산 곳에서 바꾸어 줍니다.

ISBN 978-89-93463-08-8 43220

철수와영희 출판사는 '어린이' 철수와 영희, '어른' 철수와 영희에게 도움 되는 책을 펴내기 위해 노력하고 있습니다.

10대와 통하는 불교

청소년이 처음 만나는 싯다르타

강호진 글

철수와영희

추천의 글

불교의 눈으로 세상을 본다는 것은 어떤 것일까요?

지난 겨울 움직이는 수행으로 90여 일간 지리산 숲길을 세 바퀴 순례했습니다. 장엄한 겨울 지리산을 대단한 추위, 눈보라 속에서 걷는 경우가 많았습니다. 그런데 똑같은 현장, 똑같은 조건에서 여러 사람이 함께 걸었는데도 불구하고 그 사람이 어떤 관점을 가지고 있느냐에 따라 의미 부여가 달라지더군요. 누구는 겨울 지리산을 마음껏 만끽했고, 누군가는 일생일대의 경험이라고 신나 했습니다. 또 누군가는 추운 겨울에 이 일을 왜 해야 하나, 내가 뭐 하는 거야 하면서 고통스러워했습니다.

흔히 부정적인 사고를 버리고 긍정적인 사고를 갖자고 얘기들 합니다. 우리 삶에서 세상을 어떻게 보느냐는 매우 중요한 일이지요. 불교의 눈으로 세상을 본다는 것은 어떤 것일까요?

불교의 눈으로 세상을 본다는 것은 긍정적이냐 부정적이냐를 보는 것이 아니고 진실이 뭐냐를 보는 일입니다. 진실의 눈으로 본다는 것은 긍정해야 할 것은 긍정하고 부정해야 할 것은 부정해야 하는 것이지 어느 하나만을 선택해서 고집하는 것이 아닙니다.

진실의 눈으로 보면 세상은 온통 인드라망으로 이어져 있습니다. 인드라망은 그물입니다. 세상 모든 존재는 그물의 그물코처럼, 한 몸의 두 손처럼 이루어져 있고 또 이어져 있습니다. 마음에 들고 안 들고, 이익이 있고 없고, 친하고 친하지 않고에 관계 없이 서로 의지하고 서로 도우며 더불어 살도록 되어 있습니다. 또한 세상 모든 존재들은 불가분의 관계로 이루어져 있습니다. 동전의 양면처럼 하나도 아니고 둘도 아닙니다. 하나이기도 하고 둘이기도 합니다. 그렇지 않고는 정상적으로 존재할 수 없습니다.

예를 들어 방바닥을 걸어간다고 해 봅시다. 방바닥과 내가 하나라고 한다면 걸어갈 수 있을까요? 걸어갈 수 없습니다. 방바닥과 내가 완전히 한 덩어리라면 발을 옮겨 걷는 것이 불가능합니다.

방바닥과 내가 두 개라고 한다면 걸어갈 수 있을까요? 역시 걸어갈 수 없습니다. 완전히 분리되어 따로따로라면 허공을 밟고 걸어야 하니까요. 완전히 분리되어 있어도 걸어갈 수 없고 하나로 되어 있어도 걸어갈 수 없습니다.

그런데 불행하게도 오늘날 많은 사람들은 분리된 사고를 하고 있습니다. 너는 너고 나는 나다, 좌는 좌고 우는 우다, 불교는 불교고 기독교는 기독교다, 온통 따로따로 분리되어 독자적으로 존재하고 있다고 믿으며 살고 있습니다. 실상과는 전혀 다르게 보고 사고하고 있는 것입니다. 사람들을 고통스럽게 하는 많은 문제들이 바로 여기서 비롯되고 있습니다.

　불교는 있는 그대로 실상을 보고 사고하며 살아가자고 얘기하는 종교입니다. 결코 어려운 것이 아닙니다. 마치 "목마르면 물을 마신다, 물을 마시면 목마름이 해결된다."는 엄연한 진실을 과학적으로 설명하는 것이 불교입니다. 이 책에 담은 내용 역시 그러합니다. 부담 없이 읽을 수 있도록 구성되어 있어 10대 청소년 여러분뿐 아니라 불교를 궁금해 하는 어른들도 술술 재미있게 읽을 수 있을 듯합니다.

　우리 모두 생명 가치에 맞는 삶을 살아가기 위해 실상을 제대로 보고 사고하고 살아가려는 모색과 노력들을 했으면 합니다. 그렇게 콩나물시루에 물을 주듯 거듭거듭 되풀이하다 보면 어느 날 문득 잘 자라 있는 콩나물을 보게 되는 것처럼 삶에 변화가 이루어진 것을 보게 될 것입니다.

2010년 봄.
지리산 실상사에서 도법 손 모음.

지치고 때 묻은 삼촌일지언정
늘 맑고 티 없는 눈망울로 바라봐주는 천진불天眞佛들.
경원, 현호, 재경에게.

들어가는 글

별을 노래하는 마음으로

왜 우리는 별을 잊고 살게 되었을까요?

"별이 빛나는 밤하늘을 보고서 가야 할 길의 지도를 읽을 수 있던 시대는 얼마나 행복했던가?" 헝가리의 미학자이자 사상가였던 게오르그 루카치(Georg Lukacs, 1885~1971)는 이렇게 말했습니다.

예전 사람들은 밤하늘에 반짝이는 별을 바라보며 자신의 행로를 정했습니다. 사막을 건너거나 바다를 항해하는 사람들에게 별은 없어서는 안 될 소중한 길잡이였습니다. 그러나 문명이 발달하고 과학 기술이 진보하면서 별을 보며 길을 잡아 나가는 사람이 사라졌습니다. 이제는 인공위성이 실시간으로 전송해주는 GPS의 좌표와 지도를 통해 우리는 자신의 위치와 가야 할 곳을 가늠할 뿐입니다. 하지만 루카치가 말한 별의 의미는 단순한 지리적 길잡이로서의 별은 아닙니다. 상상력과 꿈이 현실이나 자본에 억압당하지 않았던 순수했던 인간의 시대에 대한 갈망이었습니다.

　오늘 밤도 하늘엔 수많은 별들이 형형색색 반짝입니다. 그러나 우리는 그저 밤하늘에 별이 있다는 과학적 사실만 머릿속에 채워 놓고 있을 뿐, 별들을 바라보거나 가슴 깊이 간직하진 않습니다. 왜 우리는 별을 잊고 살게 되었을까요?

　별을 바라본다는 것은 과거를 바라보는 행위입니다. 별빛은 과거로부터 온 빛이기 때문입니다. 지구와 거리가 너무 멀어서 빛이 지구까지 당도하는 데 몇 십, 몇 백 년이 넘게 걸리는 별도 많으니까요. 우리가 지금 바라보는 별빛은 현재는 사라진 별이 보낸 마지막 메시지일 수도 있습니다. 그렇게 생각에 생각을 거듭하다 보면 별은 저 멀리 차가운 우주 공간 속에 떠 있는 존재가 아닌 생명과 사연을 지닌 따뜻한 존재로 거듭나게 됩니다. 그래서 시인 윤동주는 〈별 헤는 밤〉에서 별에 자신의 마음을 실어 이렇게 속살거립니다.

어머님, 나는 별 하나에 아름다운 말 한 마디씩 불러 봅니다.
소학교 때 책상을 같이 했던 아이들의 이름과
패佩, 경鏡, 옥玉 이런 이국 소녀들의 이름과
벌써 애기 어머니 된 계집애들의 이름과
가난한 이웃 사람들의 이름과
비둘기, 강아지, 토끼, 노새, 노루, 프랑시스 짬, 라이너 마리아 릴케 이런 시인의 이름을 불러 봅니다.

그러나 현재와 미래만이 중시되는 현대에서 우리의 삶은 별을 끼워 줄 틈이 별로 없어 보입니다. 냉혹한 현실과 치열한 경쟁에서 살아남기 위해서라도 우리의 시선은 항상 현재와 미래에 맞춰져 있어야 하니까요. 과거로부터 온 나약하고 희미한 별의 신호에 눈과 가슴을 열어 우주와 통신을 시도하는 것은 허황된 낭만쯤으로 치부되거나 현실에서의 탈락이나 도태를 의미하게 되었습니다.

지금껏 나는 뭘 보고 살아왔던 것일까?

제가 별을 본 것은 22살 때였습니다. 물론 그 전에도 별은 많이 보았습니다만, 별이 가슴에 들어와 살아 있는 의미를 형성한 것은 그 때였습니다. 그 곳은 경상남도 합천군의 깊은 산기슭에 위치한 어느 산사였습니다. 저는 기도를 한답시고 한 달 가까이 그 절에 머물렀는데 텔레비전이나 라디오는 물론 신문조차 구경하기 힘든 곳이었습니다.

매일매일 삼천배를 해야 하는 육신의 괴로움도 괴로움이었지만 저를 가장 힘들게 했던 것은 세상과 단절돼 있다는 고립감과 홀로 있는 데서 오는 외로움이었습니다. 기도가 끝나면 그저 텅 빈 방에 홀로 엎드려 일기를 쓰거나 법정 스님의 맑은 글이 담긴 수필집을 읽는 것으로 그 쓸쓸함을 달래곤 했습니다. 결국 절에 들어간 지 일 주일도 되지 않아 외로움과 답답함을 견디지 못하고 내일이라도 당장 집으로 돌아가야겠다는 생각을 품고 있던 어느 날 밤이었습니다. 오줌이 마려워

한 밤 중에 잠에서 깬 저는 방을 나서다가 밤하늘을 가로지르는 은하수를 우연히 보았습니다. 도시에선 한 번도 보지 못한 별들의 장엄한 행진이 밤하늘에 펼쳐지고 있었습니다. 한 점 인공적인 불빛도 없는 칠흑 속에서만 환하게 피어나는 소담스런 빛이었습니다. 발은 그만 그 자리에 얼어붙어버렸습니다. 별들이 너무 많고 너무 아름다워서 소름이 돋았습니다. 흰빛, 푸른빛, 노란빛, 붉은빛, 주황빛 별들은 침묵 속에서 선명하게 혹은 가물거리면서 생명과 우주의 생생함을 그대로 전해주었습니다. 전율이 일었습니다. 그리고 슬펐습니다.

'지금껏 나는 뭘 보고 살아왔던 것일까?'

그날 밤은 조금 덜 외로웠고, 조금 더 행복했습니다. 친구가 생겼기 때문입니다. 그러다 문득 2,500여 년 전, 까마득한 과거의 누군가가 떠올랐습니다. 새벽별을 바라보다 깨달음을 얻어 삶과 죽음에서 해방된 한 사나이의 이름이 머리를 때렸습니다. 그는 바로 싯다르타였습니다. 별을 바라보는 순간, 부처란 이름으로 화석같이 케케묵어 신격화되어 버린 그가 현재로 되살아나 자신도 나와 같이 외롭고 섬약했던 한 인간이었다는 사실을 알려주었습니다.

그랬습니다. 별은 모든 것의 중개자였고 스승이자 친구였던 겁니다. 그날 별을 가슴에 품게 된 저는 더 이상 외로워하거나 쓸쓸해하지 않고 남은 기도를 무사히 마칠 수 있었습니다.

이제부터 펼칠 이야기는 저처럼 새벽별을 바라보며 친구로 삼았던 그 오래 전 사나이, 싯다르타에게서 시작된 이야기입니다.

그런데 '과학 기술을 따라잡기에도 벅찬 이 시대에 종교를, 그것도 어려운 불교 이야기를 굳이 알아야 할 필요가 있을까?' 하고 고개를 갸웃거릴 분들도 분명 있을 것입니다. 앞서 말씀드렸듯이 이 책은 불교의 교주로 추앙받고 신성시되는 붓다가 아니라 우리와 다를 바 없는 싯다르타란 한 인간의 눈을 통해서 본 세상과 사람살이에 관한 이야기입니다. 따라서 여기에 실린 글들은 예비 불자들을 위한 기본 교리나 사찰 예절, 기도 방법 등을 설명한 종교 입문서와는 성격을 달리합니다. 이 책은 신앙 여부와 관계 없이 청소년과 일반인에게 좁게는 불교 전반에 관한 인문적인 이해를 풍성하게 하는 것으로부터, 넓게는 종교적 앎과 현실의 삶을 어떻게 연결시킬 것인가에 대한 고민에까지 닿고자 쓰였습니다.

그러나 저는 여러분들이 이 책을 읽느라고 형광등 불빛 아래에서 끙끙대기보다 당장 밖으로 나가 밤하늘을 올려다보시길 권합니다. 고개를 젖히고 숨을 깊게 들이쉰 다음, 광활한 하늘에 점점이 박힌 별들에 눈을 맞추어 그리운 것들과 멀리 있는 이들의 이름들을 별 하나하나에 담아 부르다 보면, 이 책을 읽지 않고서도 옛 사람들처럼, 윤동주 시인처럼 자신이 가야 할 길의 지도를 밤 하늘에서 찾을 수 있을지도 모르니까요.

2010년 5월.
강호진 드림.

차례

5   **추천의 글**   불교의 눈으로 세상을 본다는 것은
어떤 것일까요?   도법 스님

9   **들어가는 글**   별을 노래하는 마음으로

19   **첫 번째 이야기**   오른쪽 옆구리에서 태어난 사람

인간은 어디서 와서 어디로 가는가?
인간 싯다르타에서 깨달은 자를 뜻하는 붓다로
불교에서의 세 가지 보물
- 싯다르타, 석가모니, 붓다, 부처는 모두 같은 말인가요?
- 승려들이 죽으면 왜 화장을 하나요? 그리고 사리란 어떤 건가요?

35   **두 번째 이야기**   점, 선, 면 그리고 질문들

과연 저 점은 실제로 존재하는 것일까?
불교의 연기법
- 사찰은 산 속에 있어야 하는데 왜 동네에 절이 지어지는 걸까요?

41   **세 번째 이야기**   내가 누구인지 말할 수 있는 사람은 누구인가?

당신은 누구인가?
나란 곧 질문하는 당신입니다
- 스님들이 목탁을 치는 이유가 무엇인가요?

10대와 통하는 불교

51   네 번째 이야기   기독교는 종교! 불교는 철학?

마호메트는 어쩌다가 소크라테스에게 그 자리를 내준 걸까?
4대 성인의 미스터리
- 점집 간판에 '보살'이란 말이 들어가는 것을 봤어요.
  불교와 무속 신앙은 어떻게 다른가요?

61   다섯 번째 이야기   보살, 그 가깝고도 먼 이름

보살은 여성에게만 붙이는 명칭?
보살은 '이타적'인 서원을 세우고 그것을 '실천'하는 사람들
- 불교 신자들도 일요일마다 절에 가야 하나요?

69   여섯 번째 이야기   일하지 않는 자, 먹지도 마라!?

불교는 원래 밥벌이를 위한 노동을 인정하지 않는 종교
밥 먹고 똥 누고 숨 쉬고 움직이는 모든 일이 수행
- 스님들은 왜 고기를 먹지 않나요?
- 스님은 언제 자고 언제 일어나나요?

79   일곱 번째 이야기   달마야 놀자

신광의 깨달음
달마는 가상의 인물?
달마 대사가 서쪽에서 온 까닭은?
- 달마도를 지니고 다니면 나쁜 기운을
  차단할 수 있다고 하는데 사실인가요?

91	여덟 번째 이야기	**108배, 수행인가 운동인가?**

절의 의미는 기본적으로 누군가를 공경하고 받든다는 의미
108배는 악업을 참회하고 번뇌를 제거하기 위한 방법
• 불교에도 '산타클로스' 같은 존재가 있나요?

101	아홉 번째 이야기	**달라이 라마, 환생하는 사람들**

달라이 라마는 관세음보살의 현신?
밀교 이야기
• 스님들은 왜 회색 옷만 입나요?

111	열 번째 이야기	**팜므 파탈, 그대의 이름은 여자**

초기 원시 불교에서 여성의 지위는 어떠했을까?
여성이 완전해지지 않으면 남성 또한 완전해질 수 없다
• 부처님 오신 날에 왜 절에선 등을 다나요?

123	열한 번째 이야기	**어머니를 찾아 지옥으로 간 남자**

붓다의 제자 중에 초능력을 자유자재로 쓴 사람이 있다
목련 설화
'백중'과 불교의 '우란분절'
• 절마다 불상 앞에 복전함이 놓여 있는데 복전이 뭐죠?

10대와 통하는 불교

135   **열두 번째 이야기**   세기의 라이벌들

아름다운 라이벌, 그 이름은 도반
석가모니 VS 데바닷타
아난 VS 가섭
원효와 의상
지눌과 성철
- 천태종, 화엄종, 열반종, 정토종 등 많은 종파는 어떻게 생긴 건가요?

179   **열세 번째 이야기**   승려들이여, 결혼을 하라!?

'승려의 결혼 허용'을 주장한 만해
조계종단의 설립
- '중이 제 머리 못 깎듯'이란 속담이 있는데 정말 승려들은 자신의 머리를 못 깎나요?

189   **열네 번째 이야기**   세심사 가는 길

산문/ 사찰 진입로/ 홍예교/ 부도전/ 영지/ 당간지주/ 일주문
천왕문/ 범종루/ 불이문/ 탑과 등/ 대웅전/ 괘불대/ 응진전
극락전/ 비로전/ 약사전/ 미륵전/ 후원/ 관음전/ 명부전
삼성각/ 영각/ 장경각/ 강원, 선원, 율원
- 불상은 왜 금빛인가요?

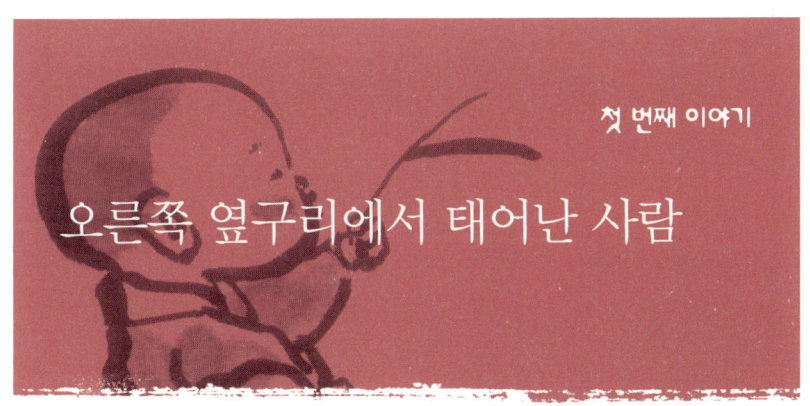

첫 번째 이야기

오른쪽 옆구리에서 태어난 사람

인간은 어디서 와서 어디로 가는가?

그는 부러울 것 없는 사람이었습니다. 그의 아버지는 인도와 네팔 접경에 위치한 카필라라는 왕국의 왕이었고 자신은 장차 왕위를 물려받을 왕자였습니다. 그는 잘생기고 똑똑한데다 힘도 세서 아무도 그가 지닌 지혜와 용맹을 넘볼 수 없었습니다. 그는 봄·가을 궁전과 여름 궁전 그리고 겨울 궁전을 소유하고 있었고, 세 명의 아름다운 부인과 결혼해 아들도 두었습니다.

그의 성은 고타마*, 이름은 싯다르타**였습니다. 하지만 그에겐 남 모를 그늘이 드리워져 있었습니다. 그의 어머니가 그를 낳은 지 7

---

* Gotama : 큰 소(牛)라는 뜻.
** Siddharta : '목적을 이룬 이' 라는 뜻.

팔상도 비람강생상 부분. 마야 부인이 무우수 나무 가지를 잡은 채 옆구리에서 싯다르타를 출산하고 있다. 부산 범어사.

일 만에 죽는 바람에 그는 이모의 손에 키워졌던 것입니다. 자상하고 마음씨 고운 이모이긴 했지만 어머니의 부재는 그를 깊은 눈빛을 가진 청년으로 변모시켰습니다. 주변의 말에 의하면 그의 어머니는 그를 낳기 위해 친정으로 가던 도중 룸비니 동산에서 산기産氣를 느껴 무우수無憂樹 나무 가지를 잡고 선 채로 옆구리에서 그를 출산했다고 했습니다.

 그러나 그는 어머니가 자신을 오른쪽 옆구리로 낳았다는 사실을 믿진 않았습니다. 당시 인도에는 신분을 나누는 카스트 제도가 있었는데, 하늘의 뜻을 전하는 제사장 역할을 하던 브라만, 왕족과 무사 계급인 크샤트리아, 상인과 서민 계급인 바이샤, 노예와 육체 노동자들인 수드라 순으로 이루어진 계급 제도였습니다. 사람들은 계급을 구별하기 위해 브라만의 아이가 태어나면 어머니의 머리에서 나왔다고 했고, 크샤트리아의 아이는 오른쪽 옆구리에서, 바이샤의 아이는 왼쪽 옆구리, 수드라의 아이는 다리 사이에서 나왔다고 말하던 시대였기 때문입니다.

하지만 그는 어머니의 죽음을 통해 자신이 태어났다는 죄책감을 버리기 힘들었습니다. 그는 생각에 생각을 거듭하다 '인간은 어디서 와서 어디로 가는가' 등의 삶의 근원적인 고민에 이르렀습니다.

그러던 어느 날, 그는 기분 전환을 위해 성의 동문을 나서다 늙어서 이가 빠지고 얼굴엔 온통 저승꽃과 주름살로 얽어진 추한 늙은이를 보게 되었습니다. 늙은이를 보는 순간, 그는 자신의 아름다운 얼굴도 세월이 지나면 저렇게 추하게 변할 수 있다는 생각에 기분이 상해 남문 쪽으로 서둘러 걸었습니다. 하지만 남문에도 병이 들어 고통스런 신음을 내뱉는 초췌하고 더러운 병자가 몸을 뒤척이고 있었습니다. 그는 얼른 눈길을 돌리고 서문으로 발걸음을 돌렸습니다. 서문에서 그를 기다린 것은 기분을 풀어줄 아름다운 광경이 아닌 천에 둘둘 쌓인 채 아무렇게나 버려진 시신이었습니다.

인간 싯다르타에서 깨달은 자를 뜻하는 붓다로

그는 자신도 모르게 엄습해 오는 두려움에 눈물을 흘리며 북문 쪽으로 뛰어갔습니다. 그가 북문에 도달했을 때 발견한

팔상도 사문유관상 부분. 싯다르타가 성 밖을 나서다 죽은 이를 장사지내는 모습을 보고 삶의 회의를 느끼게 된다. 부산 범어사.

팔상도 유성출가상 부분. 별이 총총한 밤, 싯다르타가 수행자가 되기 위해 애마인 칸타카를 타고 성벽을 넘어 빠져 나오고 있다. 그를 따라나선 마부 찬타카의 모습이 유머러스하게 그려져 있다. 서울 화계사.

것은 잎이 무성한 나무 아래에 앉아 고요한 명상에 잠겨 삶의 비밀을 탐구하고 있는 어느 수행자의 모습이었습니다.

그는 아름다운 외모와 남부럽지 않은 권세를 지닌 자신도 언젠간 늙고 병들어서 결국엔 죽음으로 마무리되는 삶을 벗어날 수 없다는 것을 깨달았습니다. 그는 세속의 삶에 회의를 느끼고 모든 것으로부터 자유로울 수 있는 방법을 찾기 위해 사문沙門이 되리라 결심을 하게 됩니다.

그날 밤, 그는 왕좌와 사랑하는 아내, 아들을 놓아 두고 몰래 성을 빠져 나와 숲으로 들어갔습니다. 삶과 죽음의 비밀을 풀기 전에는 돌아오지 않겠다고 다짐하면서 말이죠.

당시 인도에는 정통 바라문교의 가르침에 반기를 들고 다른 방식으로 삶을 탐구하는 사람들이 있었는데 이를 사문이라 불렀습니다. 싯다르타는 출가 후 이름난 사문들을 찾아 배움을 구했습니다. 그가 처음 찾은 사람은 비가바라는 고행자였는데, 비가바는 천상에서 태어나는 것을 목적으로 고행을 하고 있었습니다. 싯다르타는 하늘에 태어난다고 해도 늙고 병들고 죽는 현상이 반복되는 것은 피할 수 없음을 절감하고 다른 스승을 찾아 헤매게 됩니다.

그는 수많은 스승들을 거쳐 우드라카라는 스승 아래로 들어가게 되었습니다. 정신 통일을 통해 고요한 경지에 들어서는 것을 추구하는 우드라카 밑에서 그는 스승이 제시하는 최고의 선정•에 도달했습니다. 그러나 이것 또한 반복적으로 나고 죽는 윤회의 굴레를 근본적으로 벗

• 禪定 : 평화롭고 고요한 경지.

어나는 묘책이 아님을 깨닫고 구도의 여정에서 친구가 된 다섯 명의 사문들과 함께 그는 고행의 숲이라 불리는 곳으로 들어가 자신만의 방식으로 수행을 시작했습니다.

싯다르타는 고행의 숲에서 자신의 육체적 욕망을 제어하기 위해 극렬한 고행에 들어갔습니다. 배가 등가죽에 붙고 얼굴이 해골처럼 수척해질 때까지 그는 먹는 것과 씻는 것, 편히 쉬는 것을 극도로 자제하며 자신을 괴롭혔습니다. 육체적 욕망을 무시하고 제거하는 와중에 정신적 자유를 얻을 수 있다고 생각했던 것입니다. 그러나 아무리 육신을 괴롭혀 보아도 생사를 넘어설 수 있는 해탈은 찾아오지 않았습니다.

고통은 쾌락과 마찬가지로 해탈을 위한 적절한 방법이 아니라는 것을 깨달은 싯다르타는 강에 들어가 묵은 때를 씻고 마침 옆을 지나가던 수자타라는 마을 처녀로부터 우유죽을 얻어먹게 됩니다. 그 모습을 본 다섯 명의 사문은 그가 타락했다고 여겨 그를 떠나버립니다.

홀로 남은 싯다르타는 보리수 나무 아래에 자리를 잡고 극단적인 쾌락과 극단적인 고통에 치우치지 않는 방법으로 새로운 수행에 몰입하게 됩니다. 그렇게 절치부심 수행에 수행을 거듭하던 그는 어느 날 새벽별을 보다가 홀연히 깨달음을 얻게 되었습니다. 그것은 인류가 겪고 있는 생로병사의 비밀을 푸는 우주적인 깨달음이었습니다.

그가 깨달은 것은 신이나 절대자가 세상을 만들어내거나 인간의 삶을 좌우하는 것이 아니라는 사실이었습니다. 자신의 마음 속에서 매순간 일어났다가 허무하게 쓰러지기를 반복하는 마음의 작용이 세상을 이루고, 나고 죽는 것의 원인이 된다는 것을 파악했습니다. 인간의 고통은 이러한 진실을 알지 못하기에 생기는 무명*에서 비롯된 것이고, 그 결과로 생긴 수많은 욕망과 헛된 욕심 때문에 사람들은 죽고 나고, 나고 죽는 윤회의 쳇바퀴에서 빠져 나올 수 없다는 것을 알아차린 것입니다. 따라서 이러한 진실을 꿰뚫어 바르게 보는 것만이 무명이 저지르는 마음의 장난에 놀아나지 않는 방법이고, 윤회의 사슬을 끊고 영원한 평화를 얻을 수 있는 방법임을 깨달은 것입니다. 그 깨달음의 순간 그는

싯다르타 고행상(2세기, 84cm), 라호르박물관.

인간 싯다르타에서 깨달은 자를 뜻하는 붓다가 되었고, 그것은 그의 나이 35세 때의 일이었습니다.

이 깨달음의 순간을 팔상도(붓다의 일생을 여덟 개의 주요한 순간으로 간추려 그려 놓은 그림)에서는 '수하항마상'**이란 그림으로 드라마틱하게 표현하고 있습니다. '수하항마상'은 싯다르타가 진리를 깨우치는 것을 싫어한 마왕 파순이 그의 군대와 매혹적인 세 딸을 시켜 싯다르타의 성도(成道: 깨달아 부처가 되는 것)를 방해하지만 결국 싯다르타가 이를 물리치고 깨달음을 얻는 장면을 그린 그림입니다. 그러나 마왕 파순의 방해는 깨달

---

* 無明 : 진리를 볼 수 없는 무지.
** 樹下降魔相 : 석가모니가 보리수 나무 아래에서 마왕을 항복시키는 그림.

팔상도 수하항마상 부분, 싯다르타가 자신의 성도를 방해하는 마왕에게 앞에 놓인 병을 움직여 보라고 내기를 거는 모습이다. 마왕의 군대가 병에 줄을 묶고 당겨 보지만 병은 꼼짝도 하지 않는다. 부산 범어사.

음을 이루기 전, 싯다르타 마음 속에서 일어났던 불안, 초조, 갈등, 번뇌 등을 의인화해서 묘사한 것에 지나지 않습니다.

싯다르타, 아니 붓다는 혼자 깨달음을 얻은 것에 만족하지 않고 고통에 빠진 세상 사람들에게 자신의 깨달음을 전하고자 하는 결심을 하게 됩니다. 어리석은 사람들에게 진실을 보게 하는 일은 힘들고 어려운 일이란 것을 잘 알고 있었지만, 그는 자비의 마음으로 사람들과 깨달음을 나누기 위해 자리에서 일어섰습니다.

붓다가 처음으로 찾은 사람은 다름 아닌 자신을 버리고 떠난 다섯 명의 사문이었습니다. 사문들은 멀리 붓다가 오는 것을 보고 모른 척 하기로 서로 약속을 했지만, 붓다에게서 뿜어져 나오는 환한 광채와 기운에 압도당해 곧 그에게 가르침을 청하게 됩니다. 녹야원에서 다섯 사문을 모아 놓고 석가모니*가 자신이 깨달은 것을 전달한 것이 석가모니 최초의 설법이었고 불교 역사에 있어 이 일은 중요한 의미를 가집니다. 깨달음은 사람들과 함께 나눌 수 있는 깨달음이어야 하고, 이는 곧 중생들과 함께 하지 않는 불교는 의미가 없다는 것을 알려주는 상징적 행동이었습니다.

불교에서의 세 가지 보물

붓다는 그 후 인도 각지를 돌며 그의 법(가르침, 깨달음)을 전하게 되고 수많은 사람들이 붓다의 가르침을 따르고자 그에게 귀의했습니다. 바라문과 왕들이 귀의했고, 창녀와 살인자도 붓다의 가르침을 듣기 위해 몰려들었습니다.

깨달음과 그것을 추구하려는 마음 앞에서 계급과 성별은 아무런 문제가 되지 않았고, 교단은 평등한 공동체를 이루게 되었습니다. 출가해서 수행을 하는 사람이나 출가하지 않고 집에 머물며 붓다의 가르침을 실천하는 사람들 사이에도 차별이 없었습니다.

이렇듯 불교란 종교는 붓다와 그의 가르침 그리고 그의 가르침을 배

---

* '샤카무니'의 음차로 '샤카'는 싯다르타가 속했던 부족의 이름이고 '무니'는 성자를 뜻합니다. 석가모니는 샤카(석가)족의 성자라는 뜻입니다.

팔상도 녹원전법상 부분. 싯다르타가 성도한 후, 5명의 수행자를 모아 놓고 자신의 깨달음을 전하고 있다. 오른편 하단에 그려진 사슴 두 마리가 설법의 장소가 녹야원임을 말해준다. 부산 범어사.

우려는 사람들이란 세 가지 요소가 결합해 탄생하게 되었습니다. 이것을 불교에서는 세 가지 보물이란 뜻의 '삼보'라고 부릅니다.

삼보인 '불·법·승' 중에 '승'은 원래 승려 집단만을 의미했지만, 이제는 스님은 물론 재가신도까지 포함하는 개념으로 '승'을 이해하는 것이 바람직합니다. 이러한 이해는 대승불교를 내세우는 한국불교나 깨달음의 평등한 공동체를 지향했던 붓다의 뜻과도 잘 합치되는 개념입니다.

붓다는 45년간*의 길고 긴 교화의 여정을 살다가 80세가 되던 어느 날, 등창과 식중독이 겹치는 바람에 큰 사라수 나무 두 그루가 서 있는 숲으로 들어가 장엄한 열반에 들게 됩니다.

붓다는 이 열반을 통해 깨달음과 해탈이란 하늘을 훨훨 날아다니는 신비한 술법이나 영원히 죽지 않는 불로장생의 비술이 아님을 몸소 보

---

* 천태종에서는 석가모니가 49년간 설법을 했다고 봅니다. 승려들도 보통 '석가모니의 49년간의 설법'이란 말을 씁니다. 이 차이에 관해선 176쪽 참조.

팔상도 쌍림열반상 부분. 사라수나무 두 그루 아래에서 장엄한 열반에 든 싯다르타 곁에는 제자들과 보살들, 하늘에서 내려온 성중(聖衆, 성스러운 무리)들이 모두 함께해 그의 열반을 지켜보고 있다. 부산 범어사.

여주며 세상에서의 생을 마감했습니다. 하지만 깨달은 자의 열반이 평범한 인간의 죽음과 다른 이유는, 깨닫지 못한 이의 죽음은 자신이 어디서 와서 어디로 가는지 알 수 없는 상태에서 맞이하는 불안하고 아쉬운 종말이지만, 깨달은 자는 죽음 또한 늘 변화하는 삶의 다른 얼굴일 뿐이란 우주의 진리를 몸으로 체득했기에 두려워하거나 아쉬울 것이 없는 자연스런 현상의 하나로 받아들인다는 것입니다.

특히 깨달은 자의 열반은 더 이상 무명이 불러오는 장난이나 윤회의 속임수에 빠져서 죽은 뒤 다시 태어나 고통을 받다가 죽는 것을 반복하지 않는다는 특징을 가집니다. 붓다는 이 열반을 통해 윤회라고 불리는 현상에 대해 명실상부한 종지부를 찍은 것입니다.

그리고 그가 더 이상 인간의 몸으로 이 땅에 머물 수 없는 것을 슬퍼하는 제자들에게 남긴 마지막 유훈은 바로 이 말이었습니다.

"태어나고 시작된 것은 반드시 멸하고 사라지는 법이다. 살아 있는 동안 부지런히 수행에 힘써 깨달음과 해탈을 구해라."

"스승을 따로 찾거나 남에게 의지하지 마라. 자기 자신을 등불로 삼고, 법(가르침)을 등불로 삼아 수행해 나가라."

옆구리에서 태어난 한 남자는 그렇게 인간으로서의 생을 마감했지만, 인류를 무명과 고통에서 구하는 그의 가르침은 전 세계로 널리 퍼져 2,500여 년을 이어져 내려오고 있습니다.

싯다르타, 석가모니, 붓다, 부처는 모두 같은 말인가요?

'고타마 싯다르타'는 2,500여 년 전 인도에서 실제로 살았던 샤캬(석가)족 사람으로 그의 깨달음으로 인해 불교라는 종교가 생기게 되었습니다. 싯다르타가 사람들에게 깨달은 바를 전하고 존경을 받게 되자, 사람들은 자신들의 스승을 싯다르타라는 이름으로 직접 부르기보다 다양한 존칭을 사용하게 되었습니다.

'석가모니(샤카무니)'란 말은 '샤캬(석가)족의 성자'라는 뜻으로 싯다르타를 높여 부르는 말입니다. 싯다르타를 깨달은 자를 뜻하는 '붓다buddha'로도 불렀는데, 중국문화권으로 넘어오면서 이 붓다라는 말은 한자로 '부처'나 '불'로 음역되었습니다. 부처나 불은 모두 깨달은 자를 뜻하는 말로 싯다르타를 뜻합니다.

그러나 대승 불교 시절을 거치면서 부처나 불이란 개념은 싯다르타 한 명으로 한정되지 않고 깨달음을 얻은 다양한 존재로 확장되게 되었습니다. 아미타불, 약사여래불, 비로자나불 등의 예에서 보듯이 수많은 부처가 생겨나게 된 것입니다.

이 외에도 부처를 뜻하는 여러 명칭이 있는데 이를 '여래십호(부처를 표현하는 10가지 표현)'라고 합니다. 여래십호는 싯다르타와 다른 부처 모두에게 해당하는 말이며 그 내용은 다음과 같습니다.

① 여래 – 진리로부터 오는 사람, 깨달은 사람.
② 응공 – 마땅히 공경과 공양을 받을 만한 사람.
③ 정변지 – 올바른 깨달음을 얻은 사람.
④ 명행족 – 발 딛는 곳마다 깨달음이 피어나는 사람, 행동과 깨달음이

완전한 사람.
⑤ 선서 - 훌륭하게 모든 것을 완성한 사람.
⑥ 세간해 - 세간의 모든 지혜를 다 꿰뚫고 있는 사람.
⑦ 무상사 - 자신의 위로 모실 만한 존재가 없는 위치의 사람, 즉 최고의 사람.
⑧ 조어장부 - 교화하고 가르치는 데 있어 뛰어난 사람.
⑨ 천인사 - 천상의 신들과 인간들의 스승이 되는 사람.
⑩ 세존 - 세상에서 가장 존귀한 사람.

 승려들이 죽으면 왜 화장을 하나요? 그리고 사리란 어떤 건가요?

　망자의 시신을 불에 태우는 장례 방법을 화장火葬이라 하는데 불교에서는 화장대신 다비茶毘라는 말을 씁니다. 다비는 산스크리트어인 자피타 jhapita를 한자로 소리 나는 대로 옮긴 말입니다. 자피타는 '태우게 하는 것'이란 뜻을 담고 있습니다.
　승려들이 입적하게 되면 다비를 하는데 그 이유는 대략 세 가지로 나뉩니다.
　첫째로 다비는 인도의 전통적인 장례 방식으로, 덥고 습한 기후로 인해 시신이 빨리 부패하고 썩어서 질병의 원인이 될 수 있었기에 이를 효율적으로 처리하기 위해 화장을 했습니다. 인도에서 발생한 불교도 이를 받아들였습니다.
　둘째는 『장아함경』을 보면 석가모니가 자신의 장례 방법을 묻는 아난에게 다비를 하라고 지시했기에 불교의 장례 방법으로 굳어졌습니다.

셋째는 불교의 사상을 장례 절차에 구현하기 위한 방법으로, 불교는 인간의 육신을 흙, 물, 불, 바람이란 사대四大가 인연에 의해 잠시 모여 생긴 것이라고 생각했습니다. 다비는 바로 이러한 육신을 원래의 자연으로 되돌려 놓는다는 뜻을 담고 있습니다.

최근 미륵사지 석탑에서 출토된 사리. 학계에서는 석가모니의 진신 사리로 추정하고 있다.

이렇게 다비를 하고 나면 가끔 사리라 부르는 구슬 모양의 오색영롱한 돌들이 남겨집니다. 사리舍利는 산스크리트어 사리라sarira를 옮긴 말로 '몸'을 의미하는 말입니다. 석가모니 다비 후에 나온 사리는 인도 8개국의 왕들에게 분배되어 사리탑 신앙의 시초가 되기도 했습니다.

사리는 부처님뿐 아니라 덕 높은 승려들의 다비 후에도 많이 나왔기 때문에 수행의 결정체나 깨달음의 증표라고 생각되었습니다. 그러나 사리에 대한 과학적 접근이 시도되면서 의학자들은 사리가 콩팥의 결석이나 간이나 쓸개에 생기는 담석의 일종이라 생각했습니다. 질병의 결과물이라는 것이죠.

그러나 성분 분석을 해본 결과 사리는 담석이나 결석과는 성분에서 차이가 나고 경도도 담석보다 훨씬 단단해 강철의 경도를 넘어서는 것으로 나왔습니다.

이제 과학자들도 사리가 담석이나 결석이 아니라는 것은 인정하지만, 사리가 무엇이고 왜 생기는지에 관해서는 연구가 더 필요한 상황입니다.

두 번째 이야기

점, 선, 면 그리고 질문들

과연 저 점은 실제로 존재하는 것일까?

●

    호흡을 고르고 위에 보이는 조그마한 점을 응시해 봅시다. 어떤 것이 느껴지나요? 아득한 우주 공간의 무한한 어둠처럼 보이나요, 아니면 콧등에 올라 앉은 귀여운 갈색점이 떠오르나요? 만약 누군가가 돌돌 말아서 벽에 몰래 붙여 놓고 간 흉물스런 코딱지 말고는 생각나는 게 없다고 할지라도 괜찮습니다.

    우리는 정답을 찾기 위해서가 아니라 질문을 만들고 그에 관해 같이 고민하기 위해 만나고 있으니까요. 명확한 답이 전제되지 않는 이러한 물음이 무슨 소용일까 하는 의심도 생길 겁니다. 하지만 '뉴턴의 사과'나 '우문 현답'이란 관용구가 알려주듯, 인류가 작성한 가장 현명한 대답들은 가장 바보 같은 질문들을 만나서 탄생되었단 사실을 기억해야 합니다.

하여간 위의 점을 보고 떠오른 것이 무엇이든, 저 점의 존재에 대해 의문을 가진 사람은 별로 없을 겁니다. 흰 종이 위에 먹물이 떨어져 내린 듯 선명하게 찍힌 저 점을 어떻게 부인할 수 있을까요? 그렇지만 우리는 다시 물어야 합니다. "과연 저 점은 실제로 존재하는 것일까?"라고.

이번에도 점입니다. 그것도 그래프상 좌표를 지니고 있는 확실한 점입니다.

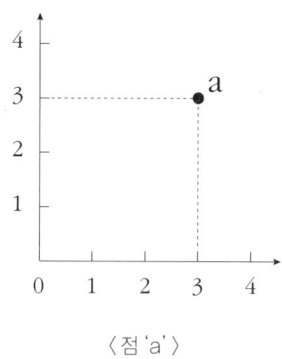

〈점 'a'〉

유클리드의 고전적 기하학에서는 점에 관한 정의를 직접적으로 내렸습니다.

"점이란 부분이 없이 위치만 있는 것이다."

즉 부피나 면적을 지니지 않은 채, 위치만을 표시하는 것이 점이란 뜻입니다. 그런데 부분이 없어야 한다는 엄밀한 수학적 개념인 점을 우리는 왜 '점 a'와 같은 부분이 있는 시각적 형상을 통해 이해해왔을까요?

우리가 눈으로 보는 '점 a'는 아무리 작다고 할지라도 분명 면적을 지니고 있습니다. 점을 시각적으로 표시하는 순간, 아무리 작은 점이라도 면적을 동반하지 않을 수 없습니다. 그렇게 하지 않으면 점이 있다는 것도 모를 테니까요. 그렇다면 우리가 보고 있는 '점 a'는 엄밀히 말해 점이 아닌 면이 되어버립니다. 우리는 시각적으로 어떤 '면'을 인지하고서도 수학적 약속에 의해 '점'이라고 부르는 역설에 처해 있습니다. 사실 우리가 생각하는 점은 실제로 존재하는 것이 아니라 우리 머릿속에서 추상화된 개념으로만 존재할 뿐입니다.

그렇다면 현대 수학은 점에 대해 어떤 입장을 가지고 있을까요? 현대 수학에서 점의 정의는 부분이 없다거나 위치만 있다는 고전 기하학의 직접적인 정의는 포기해버렸습니다. 그 대신 점, 선, 면의 상황적 관계의 의해 간접적으로 각각을 나타내는 방식을 취합니다.

점 : "두 직선이 만날 때는 오직 한 점을 결정한다."
직선 : "두 점을 지나서 직선을 그을 수 있으며, 그 직선은 오직 하나만 존재한다."
평면 : "동일 직선 위에 없는 세 점을 지나는 평면은 오직 하나 존재한다."

현대 수학은 이와 같은 다양한 공리로서 점, 직선, 평면을 표현하는데 이러한 것을 무정형 서술이라 합니다. 점이나 선이나 면에 대한 정형적이고 고정적인 존재 규명은 불가능하고 상호 관련 속에서 파악할 수밖에 없다는 데서 나온 우회적 서술이지요. 달리 말해 직선이 있어야 점을 서술할 수 있고, 점이 없으면 직선을 서술할 수 없다는 말입니다. 이쯤 되면 차라리 유클리드 기하학의 점에 관한 단순한 정의가 그리워질 겁니다. 그나저나 난데없이 난해한 수학 이야기를 꺼낸 이유는 2,500년 전의 어떤 가르침이 현대 수학의 점, 선, 면에 관한 서술과 일맥상통하는 점이 있기 때문입니다.

불교의 연기법

"이것이 있으니 저것도 있고,
이것이 생기니 저것도 생기고,
이것이 없기에 저것이 없고,
이것이 사라지니 저것도 사라진다."

위의 말은 석가모니가 설한 불교의 연기법緣起法입니다. 석가모니가 깨달은 연기법에 의하면 독립적으로 정의내릴 수 있는 사건이나 존재는 없습니다. 모든 것은 '상호 관계'에 의해 일어나고 사라집니다. 마치 점이 없으면 선을 말할 수 없고, 선이 없으면 점을 파악할 수 없는 것과 같습니다.

석가모니에게 세상과 우주는 '독립적인 개체'들을 모아 놓은 공간이 아닌, 상호 의존적인 '관계들'의 통합일 뿐이었습니다. 이것은 인간과 사물이 독자적으로 분리된 고유한 존재라는 기존의 시각에 크나큰 균열을 가지고 왔습니다.

석가모니는 사람들이 자기 자신을 고정 불변의 정체성을 지닌 개체라고 생각하는 것조차 일종의 착각이라고 말했습니다. 이를 '제법무아諸法無我'라고 하는데 '나'라고 할 만한 실체가 없다는 말입니다. 조건이 있어야 생기고, 조건이 사라지는 순간 동시에 사라질 운명에 처한 '나'를 확고 부동한 실체라고 보지 않기 때문입니다. 이는 다음 장에서 자세히 설명하겠습니다.

이제 다시 점을 바라봅시다.

●

위에 있는 점이 이 장의 처음에 등장한 점과 여전히 같아 보이나요? 사람들이 점이라고 부르기에 점이라고 의심 없이 믿었던 저 작고 새까만 동그라미가 어쩌면 아주 작은 면적을 지닌 원은 아닐까요? 흰 종이와 적당한 조명, 점을 바라보는 우리의 눈이 없다고 해도 저 점은 홀로 꿋꿋이 존재할 수 있는 것일까요? 과연 저 점은 실제로 존재하는 것일까요?

사찰은 산 속에 있어야 하는데 왜 동네에 절이 지어지는 걸까요?

사찰이 지방이나 산 속에 위치했던 이유는 크게 세 가지로 나눌 수 있습니다.

첫 번째는 정치적 이유입니다. 삼국이 불교를 국가 차원에서 공인한 이유는 종교적 이유보다 왕권 강화와 중앙 집권 제도의 확립을 위해서였습니다.

당시 지방이나 산은 왕권이나 중앙 정부의 힘이 미치지 못하는 토호나 산적들의 무대였기에 그 곳에 절을 지어 그들을 토벌하고 힘을 억제해 왕권 강화와 국가 안정에 도움을 얻고자 했습니다. 절은 단순한 종교 시설이 아니라 중앙 정부와 왕을 도와주는 관청의 역할을 겸했습니다.

두 번째는 조선시대의 숭유억불(유교를 숭상하고 불교를 억압하는 것) 정책으로 승려들은 도성의 출입이 금지되었고, 도심에 있는 절조차 산이나 교외로 쫓겨나게 되었습니다.

세 번째는 수행과 관련이 있습니다. 불교의 교리가 세속의 부귀영화나 욕망을 제거하고 깨달음을 향하는 것에 초점이 맞춰지다 보니 세속의 영향에서 벗어나 수행자의 마음과 행동을 안정시켜줄 수 있는 곳에 자리를 잡게 되었던 것입니다.

그러나 절이 산 속에 있어 포교나 대중화가 더뎌지고 민중들과는 유리된 승려들만을 위한 불교로 전락하게 되자 이에 대한 반성과 사람들과 함께하는 생활 속의 불교를 이루기 위해 절들이 도시로 내려오는 것입니다. 교회나 성당이 동네마다 있듯 절이나 포교원도 점차 우리 곁으로 다가오고 있습니다.

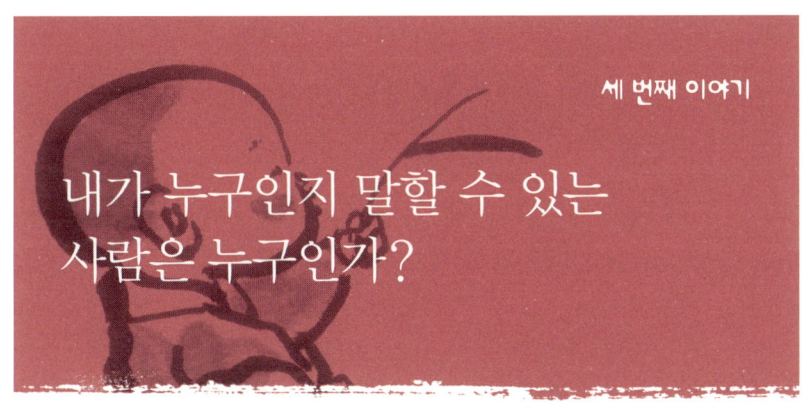

세 번째 이야기
내가 누구인지 말할 수 있는 사람은 누구인가?

당신은 누구인가?

오랫동안 인류를 괴롭혀 온 질문이 하나 있습니다.
"당신은 누구인가?"

이름을 밝히면 될까요? 동명 이인이 많아 자신만의 고유성을 드러내기엔 막연한 감이 있을 겁니다. 그렇다면 외모로 자신을 규정할 수 있을까요? 얼굴도 세월에 따라 조금씩 변해가고 키나 몸무게도 고정적이지 않습니다. 그럼 직업이나 능력, 성격 혹은 취미는 어떨까요? 그것은 자신의 일부분을 설명할 수 있을지언정 자신을 온전히 나타내지는 못합니다.

우리가 만일 누군가에게 '나' 란 것을 굳이 표현하라고 강요받는다면 어떻게 될까요? 출생과 가족 관계, 출신 학교, 동아리 활동, 신념, 목표, 취미, 성격, 살면서 인상 깊었던 일, 좋아하는 연예인, 존경하는 인물, 감명 깊게 읽은 책 … 등등을 끝없이 나열해야 할 겁니다. 그러나 그렇게 말한들 자신을 완벽하게 설명했다는 충족감 대신 여전히 뭔가 미진한 느낌을 떨쳐내기 어려울 겁니다.

그래서 대부분은 "당신은 누구인가?"라는 질문엔 이렇게 대꾸합니다.

"나는 나야!"

'나는 나'란 동어 반복은 '나'란 것을 설명하기 힘든 곤혹스러운 상황에 대한 저항을 나타냅니다. 인간은 결코 몇 마디의 말이나 몇 장의 글로 표현할 수 없는 깊은 존재임을 우리는 알고 있습니다. 인간이 이렇듯 단순하지 않고 깊어지는 이유는 무엇일까요?

아마도 그것은 우리가 수많은 사람, 사물들과 관계를 맺고 있기 때문일 겁니다. 우리는 분명 누군가의 자식이고, 누군가의 친구이자 누군가의 제자이고, 누군가의 형이나 누나이기도 하고, 오토바이나 핸드폰 같은 사물의 주인이기도 합니다. 또 극장에서는 관객이 되고, 거리에선 행인이 되고, 공연장에서는 팬이 되고, 시위 현장에서는 시민이 되고, 인터넷에서는 누리꾼이 되고, 책을 읽을 땐 독자가 되고, 가게에서는 손님이 됩니다. 우리는 무의식 중에 다양한 관계 속에서 다양한 역할을 하고 있습니다.

그뿐 아닙니다. 우리가 주변 사람과 맺고 있는 관계는 상황이 변하는 순간, 다양하게 바뀌어갑니다. 우리는 누군가의 목숨 같은 연인이었다가 기억 속에 사라진 타인이 되기도 하고, 전혀 모르는 남으로 지내다 누군가의 잊지 못할 사랑이 되기도 합니다. 이렇듯 우리가 맺고 있는 모든 관계는 상황이 변하면서 그 양상이 좋든 나쁘든 시시각각 달라집니다. 행복한 단꿈에 빠진 연인들이 '지금 이대로 시간이 멈추었으면!' 하고 간절히 바라거나 '변하지 않는 영원한 사랑'을 담은 영화나 소설이 인기가 있는 이유는 어떠한 상황의 변화 속에서도 '사랑'만큼은 지켜지길 바라는 인간적인 희망의 표출일지도 모르겠습니다.

그러나 냉혹하게도 석가모니는 사랑도 예외가 아니라고 보았습니다. 석가모니는 세상 모든 것은 변화하고, 실재라고 믿는 것들은 일시적인 조건에 의해 잠시 일어난 것이므로 어떠한 조건이 사라지면 사람들이 실재라고 부르는 것들 또한 사라진다고 말했습니다.

지금 '죽은 채' 땅 속에 묻힌 사람들은 예전엔 '살아' 지상을 밟았던 사람들이고, 아직 세상에 '태어나지도 않은' 사람들이 언젠가 지금 '살아 있는' 우리를 추모할 날이 올 것입니다.

이렇듯 석가모니는 변화의 양상 속에서 세상을 규명했는데, 이를 불교에서는 제행무상諸行無常이라고 합니다. 세상 만물은 모두 변한다는 뜻입니다.

나란 곧 질문하는 당신입니다

처음 제시한 질문으로 돌아가 보면, 결국 '나'란 다양한 '관계'와 시시각각으로 생성, 소멸하는 '관계의 변화' 속에 묶여 있기에 '나'란 정체성도 관계에 따라 그때그때 변화할 수밖에 없습니다. 그래서 이런 사실을 잘 아는 프랑스의 현대 철학자인 미셸 푸코(Michel Foucault, 1926~1984)는 푸념하듯 말했습니다.

"'당신은 누구인가?' 등으로 내게 질문하지 마세요. 언제나 똑같은 채로 있으라고 요구하지 말란 말입니다."

불교에서 말하는 제법무아諸法無我는 이와 같이 세상과 우주의 끝없이 변화하는 과정과 상호 연관성 속에 '나'란 존재가 위치하기 때문에 '나'라고 붙잡아 매어둘 고정적 실체가 없다는 뜻입니다. 이는 두 가지로 해석될 수 있습니다.

첫째는 나라고 딱히 규정할 수 있는 것이 없기에 결국 나란 것에 집착하는 것은 일종의 허상을 움켜잡는 것이다(깨달음에 국한한 소극적 해석). 둘째는 나란 모든 것의 관계를 통해 이루어진 존재라서 관계를 떠나서는 나를 규정할 수 없다(삶에 관련한 적극적 해석).

그런데 '나'란 것이 없다는 말에 여러분은 분명 큰 저항감을 느낄 겁니다. 근대 서양 철학의 아버지라 불리는 데카르트(Rene Descartes, 1596~1650)의 유명한 말이 있습니다.

"나는 생각한다. 고로 존재한다. Cogito, ergo sum."

의심을 품고 모든 것을 회의하고 부정해도 결국 그것을 의심하고 생각하고 있는 나란 존재는 남는다는 말입니다. 그런데 나란 존재가 허상이라니! 그럼 이 책을 읽고 있는 나는 누구인가라는 생각이 들 겁니다. 하지만 인류가 '나'라는 것에 대해 설명할 수 있게 된 것은 그리 오래된 일이 아닙니다.

근대 서양 철학이 발견(혹은 발명)한 '인식하는 나(=이성)'는 서구의 개인주의 사상과 자연 과학에 대한 철학적 토대를 제공하며 눈부신 문명의 발전을 이루었습니다. 신에게서 벗어난 '나'란 주체적 존재가 인식되는 동시에 대립물로서 '세상' 즉, '내가 아닌 존재들'이란 객체가 설정되고, 그 객체에 대한 나의 인식이 실제 객체의 본질과 부합하는지에 관한 연구와 검토가 문명의 발전을 가능케했습니다.

이러한 나와 세상 간의 선 긋기와 이성적 사유에 대한 전폭적인 믿음은 문명의 대단한 발전을 가져왔지만 그에 따른 부작용도 많았습니다. 19세기에 이르자 유럽 제국 열강은 미개와 야만을 이성과 과학으로 치유해주겠다는 생색을 내며 약소 국가들을 침략해 식민지로 만들어버렸습니다.

조선의 개화기 역사도 그 광기 어린 이성의 독주라는 세계사의 물결 속에서 상처를 입고 말았습니다. 지금도 한국 사회에서 뿌리 깊은 영향력을 행사하고 있는, 서양은 이성과 질서이고 아프리카, 남미, 동양 등은 미개와 암흑이라는 이분법도 그 시절부터 유럽 제국 열강이 우리에게 심어준 개념이었습니다. 하지만 현대 서구에서 등장한 포스트모더니즘 철학은 '나'란 인식과 이성이 저지른 전횡에 대한 근대 철학의 독주를 반성하면서 '나와 남', '이성과 미개'란 선 긋기와 경계를 넘어 탈주와 횡단을 시도하고 있습니다.

그러나 놀랍게도 불교는 이미 2,500여 년 전에 '나'란 것을 해체해버렸습니다. '나'라고 인식된 자아의 경계를 지워버리고 '우리'라는 관계의 대우주大宇宙 속으로 뛰어든 것입니다. 불교는 '나'란 아집과 분별 대신 모든 우주의 생명을 자신의 정체성으로 규명했습니다. 그러니 너와 내가 따로 있을 수가 없습니다. 너를 죽이는 일이 나를 죽이는 일이 되고, 너를 살리는 길이 나를 살리는 길이 되었습니다. 이것이 제법무아의 확장된 뜻이자 나란 존재가 없다는 것의 본의입니다.

몇해 전, 제대로 된 환경영향평가 없이 사업이 확정된 후, 일방적으로 산을 관통하는 정부의 터널 공사에 반대해 목숨을 걸고 오랜 기간 단식을 결행한 스님이 사회적 이슈를 불러 모은 적이 있습니다. 이슈라고 곱게 표현했지만, 정확히 말해 한 여승에 대한 집단적이고 사회적인 마녀 사냥이었습니다. 사람들은 약속이라도 한 듯 국민의 혈세, 공사 중단으로 인한 손실액 등을 운운하며 여승을 비난했고, 애초에 제대로 된 환경영향평가 없이 공사를 강행한 정부에 대해서는 모두 눈을 감았습니다.

그 승려는 자신의 오랜 단식이 산에 사는 '도롱뇽'을 살리기 위한 방법이었다고 말했습니다. 그러자 사람들은 기껏 도롱뇽 따위를 살리기 위해 목숨을 걸고, 막대한 경제적 손실을 입히는 것이 말이 되냐면서 분통을 터트렸습니다. 그러나 스님이 말한 '도롱뇽'은 산에 사는 양서류에 한정되는 말이 아니라 우주에 존재하는 수많은 생명붙이들을 상징하는 말이자 '나'와 '우리'를 모두 포함한 말이었습니다.

즉 승려는 난개발을 통해 스스로를 죽이려는 '우리'를 살리기 위해 단식을 했던 것입니다. 그 승려의 행동을 두고 수행자의 본분에서 벗어났다고 비판하거나 환경 운동가로서의 행동일 뿐이라 말하는 사람들도 있지만 그것은 잘못된 시각입니다.

도롱뇽을 살리기 위해 내 목숨을 거는 행위야말로 불교의 가르침인 제법무아를 온몸으로 받아들이고 실천에 옮긴 수행자 본연의 행동이라 불러야 할 것입니다.

이제 "당신은 누구인가?"라는 어려운 질문에 불교는 답합니다.
"나란 곧 질문하는 당신입니다."

 ## 스님들이 목탁을 치는 이유가 무엇인가요?

나무는 세상을 소리로 구원하고 싶었다.
화려한 치장을 버리고
자질한 것들 모두 잘라 버리고
두근거리는 가슴을 다듬어
구멍을 파고 칠을 해서 만든 목탁
둥글고 단단한 소리를 내었다.
― 이대의 〈목탁은 나무의 가슴이었다〉 중에서

산사에서 똑똑똑 울려 오는 목탁 소리는 언제 들어도 맑고 청아하게 느껴집니다. 목탁이 울리는 것은 승려가 염불을 하거나 경을 읽고 있음을 나타냅니다. 또 목탁은 예불 의식에 빠질 수 없는 도구입니다. 산사의

목탁 탄생 설화를 그린 벽화. 양산 통도사 자장암.

아침은 도량석의 목탁 소리로 시작되고, 저녁 예불의 목탁 소리에 산사는 긴 하루를 접습니다. 목탁은 떼려야 뗄 수 없는 수행자의 벗입니다.

현재 사찰에서 쓰이는 것과 유사한 모양의 목탁은 중국의 선종

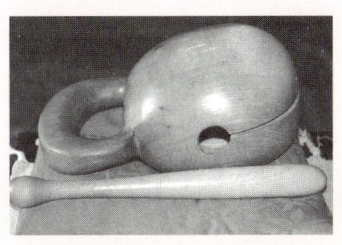
목탁.

사찰에서 먼저 쓰기 시작했습니다. 선승 백장회해(70쪽 참조)가 선원의 규율을 세우기 위해 쓴 『백장청규』에는 승려들을 불러 모으고 밥 먹는 시간과 일하는 시간을 알리기 위한 수단으로 목탁을 사용했다고 나옵니다.

목탁이 둥그스름한 물고기 모양으로 생긴 이유에 관해선 다음과 같은 고사가 전해져 옵니다.

옛날 게으른 승려가 있었는데 스승의 가르침을 따르지 않고 수행과 정진을 게을리하다 병에 걸려 죽었습니다. 승려는 그 과보로 죽은 뒤 물고기의 몸으로 환생하여 강에 살게 되었는데 등 위에 나무가 솟아 고통스런 나날을 보내고 있었습니다.

어느 날, 물고기가 된 승려는 배를 타고 강을 건너는 스승을 보게 되었습니다. 승려는 반갑고 서러운 마음에 스승이 탄 뱃전으로 다가가 눈물만 뚝뚝 흘렸습니다.

스승이 기이하게 여겨 물고기의 전생을 살펴보니 다름 아닌 자신의 제자였습니다. 스승은 절로 돌아와 제자를 위해 천도재를 지내주었습니다. 그날 밤, 스승은 꿈을 꾸었는데 제자가 나타나 말했습니다.

"저는 스승님의 법력으로 물고기의 몸을 벗고 좋은 곳으로 환생하게 되었습니다. 다음 날 강가에 나가면 등에 나무가 솟은 물고기가 죽어 있을 겁니다. 그 나무를 베어 물고기 모양으로 다듬은 뒤 종각에 매달아 쳐

주시면 그 소리가 들릴 때마다 수중에 사는 미물들이 해탈을 얻게 될 것이고, 그 소리를 듣는 수행승들도 저와 같은 잘못을 반복하지 않기 위해 열심히 수행하게 될 것입니다."

이렇게 해서 목어木魚(202쪽 사진 참조)가 탄생하게 되었고, 차츰 사용하기 편하게 만든 물고기 형태의 목탁이 되었다는 이야깁니다.

목탁이 물고기 형태를 띠고 있는 또 다른 이유는 물고기는 잘 때도 눈을 뜨고 자기 때문에 승려들로 하여금 물고기처럼 항상 깨어 있는 자세로 분발해서 수행하란 의미도 있습니다. 흔히 언론을 가리켜 '사회의 목탁'이라고 하는데 목탁 소리가 수행자를 늘 깨어 있게 하고 스스로 되돌아 볼 수 있는 역할을 하듯, 언론 또한 혼탁한 사회와 잠든 대중을 각성시켜야 하는 소명을 지녀야 함을 나타내는 말입니다.

네 번째 이야기

기독교는 종교! 불교는 철학?

마호메트는 어쩌다가 소크라테스에게
그 자리를 내준 걸까?

사람들은 가끔 불교는 종교가 아니라 철학일 따름이라는 말을 합니다. 불교만 이런 취급을 받는 건 아닙니다. 유교도 이제는 종교로 대우받지 못하고 그저 도덕적 교화를 위한 가르침이라고 생각되고 있는 형편입니다.

사람들은 세계 4대 종교[•]를 분류할 때 유교 대신 힌두교를 집어 넣는 것을 당연하게 여기고 있습니다. 하지만 유교는 이 땅과 동아시아에서 오랫동안 영향력을 행사해 왔고, 여전히 문화적 공동네트워크를 형성하고 있는 무시할 수 없는 종교입니다. 지금은 줄어들고 있다 하

• 불교, 기독교, 이슬람교, 힌두교.

더라도 여전히 많은 한국인들은 조상을 모시는 제사나 차례를 지내고 있습니다. 우리가 의식하든 아니든, 제사라는 행위는 매우 종교적인 제의입니다. 날짜에 맞춰 제상을 정성스럽게 차리고 조상 신神을 의미하는 신위나 지방을 써서 붙이고는 조상 신에게 예배하고 있는 것입니다.

구한말에 들어온 기독교가 왜 유교의 제사를 기독교의 유일신 교리와 맞지 않는다고 배척했는지 곰곰이 생각해 보시면 유교 안에 포함된 종교성이 그리 만만치 않다는 것을 아실 겁니다. 그런데도 왜 유교는 종교가 아닌 따분한 도덕책으로 오인받고, 불교는 왜 골치 아픈 철학이란 소리가 심심치 않게 튀어 나오고 있는 걸까요?

세계 4대 종교를 이야기하다 보니 우리가 상식처럼 외우고 있는 세계 4대 성인도 떠오르는군요. 보통 4대 성인은 불교의 석가모니, 기독교의 예수, 유교의 공자 그리고 고대 그리스의 철학자 소크라테스라고 합니다. 힌두교는 수많은 신으로 이루어진 원시적 종교이므로 따로 성인이라고 말할 만한 사람이 없어서 유교의 공자가 들어간다고 하더라도 4대 종교 중 하나인 이슬람교의 창시자 마호메트(무함마드)는 어쩌다가 소크라테스에게 그 자리를 내준 걸까요?

이러한 비밀을 풀기 전에 먼저 종교의 정의에 대해서 알아보겠습니다. 종교宗敎는 말 그대로 풀이하자면 '으뜸가는 가르침'이란 말입니다. 세상에 횡행하는 수많은 말들과 가르침 중에서도, 단연 인간의 삶과 행동에 있어 근간을 삼을 수 있는 가장 빼어난 '가르침'이란 뜻입니다.

하지만 오랫동안 기독교 문화를 토대로 생성되고 발전을 거듭한 서구 사회의 눈으로 보자면 종교는 다르게 해석됩니다. 종교란 '초자연적인 절대자'나 '신', '창조자' 등에 대한 믿음과 숭배, 복종 등을 통해 현세의 곤란에서 해방되고 내세의 구원을 기약하는 것이 됩니다.

즉, 인간과 자연을 능가하는 '절대자'를 상정해야 비로소 종교가 시작되는 것입니다. 그리고 종교는 그 절대자에 대한 사람들의 복종과 믿음으로 완성이 된다고 생각합니다.

서양의 종교적 독단론에서 벗어나 비교적 균형 잡힌 시각을 보유한 것으로 인정받는 종교학자 엘리아데(Mircea Eliade, 1907~1986)조차도 '절대자나 신에 대해 피조물이 가지는 절대 의존 감정' 이야말로 종교의 본질이라고 말했습니다. 절대자의 '가르침'은 단지 종교의 도덕적인 기능이고 종교의 본질은 이성이나 지식으로는 따질 수 없는 절대자의 존재에 대한 확고한 믿음과 그에 따르는 신비에 있다고 보는 겁니다.

그것은 원시 종교에서 인간에게 길흉화복을 가져다 준다고 믿는 기괴하게 생긴 바위나 무시무시한 동물을 상정하고 그것을 두려워하고 숭배하는 행위를 종교의 본질이라고 생각하는 것과 별반 다르지 않은 입장입니다.

이런 서양인들의 기준으로 보자면 원숭이 신을 경배하고 소를 신성하게 여기는 힌두교는 종교가 될 수 있어도 삶의 '실천'과 '가르침'이 도드라져 보이는 유교는 종교성이 약해 보일 수밖에 없었습니다. 사람들은 비록 공자를 위해 사당을 짓고 제사를 올리기는 하지만, 공자를 두려워하거나 시공을 초월한 절대자로 생각해 그에게 복을 빌거나 구원을 원하지 않습니다. 다만 그를 기리고 그의 '가르침'을 따르고자 하는 의례일 뿐입니다. 그러니 서양인들의 종교적 잣대를 사용하면 유교는 '가르침'이지 종교가 될 수 없었습니다.

불교도 서양인들의 눈으로 보기엔 애매한 종교일 수밖에 없습니다. 초기 원시 불교 경전을 검토하다 보면 '절대자'나 '초월적 존재'에 대한 믿음이나 복종보다는 스스로 자신을 구제하라는 '가르침'과 '실천'으로 이루어져 있으니까요.

물론 불교도 대승 불교의 시기를 거치며 중생들이 믿고 의지할 수 있는 절대자인 부처나 중생을 구제해준다는 보살의 개념이 등장합니다. '절대자'나 '신'이란 개념에서 벗어난 종교로서 탁월한 위치를 차지하고 있던 불교가 대중들의 바람과 소망에 의해 다시 퇴행적인 '절대자'의 모습을 한 부처나 보살을 만들 수밖에 없었던 것은 역사의 아이러니입니다.

4대 성인의 미스터리

지금의 대학에서 연구되는 대부분의 학문은 서구인들이 그 개념을 잡아 놓은 것입니다. 그리고 그 학문을 유행시키고 쇠퇴시키는 것 또한 서구인 중심으로 돌아가고 있습니다. '세계화'란 곧 '서구화'란 말과 다르지 않음을 역사는 증명하고 있습니다. 종교학이란 것도 서양에서 생겨 지금까지 이어지다 보니 동양의 종교에 대한 배려나 깊은 이해는 기대할 수 없었습니다. 세상의 중심은 항상 유럽이었고 그 이외의 나라들은 변방에 위치한 들러리라고 생각했던 겁니다.

근대 학문으로서 '불교학'이란 용어도 유럽의 제국 열강이 인도와 그 주변을 점령하기 전에는 생기지 않았던 말입니다. 식민지를 원활하게 통치하려는 정부의 지원 아래 서양 학자들이 식민지 국가에 내려오는 문헌을 통해서 언어와 역사, 종교나 신화를 연구하다 발생한 것이 근대 불교학이었습니다.

서양의 불교 연구는 식민 통치를 위한 문헌학과 비교언어학의 발달 과정에서 부수적으로 얻어지는 부스러기 같은 것에 지나지 않았습니다. 산스크리트어나 팔리어 불경들은 당시 서양의 학자들에겐 자신들이 지배하고 있는 미개 민족의 저열한 문화의 일부분이었고, 기독교의 진리를 담지 못하는 이교도의 삿된 저술이었습니다.

그들은 불교의 경전이나 관련 문헌들을 학문적 냉철함과 언어학적 정확성으로 분석하고 파헤쳐야 하는 실험대 위의 시신으로 취급했습니다. 석가모니를 실존 인물이 아닌 태양 신화의 가공된 인물 정도로 파악한 것도 그런 맥락이었죠.

19세기 유럽의 지식인 계층이나 불교 학자 중에 불교 신자라고 불릴 만한 사람은 없었습니다. 그들에게 불교란 살롱에 모여서 차나 커피로 이빨 사이를 헹구는 동안 무료함을 덜기 위해 떠벌려 보는 이국 취향의 지적 유희에 불과했던 것입니다.

그런데 불행하게도 현재 이 땅의 대다수 사람들도 세계화의 추세에

떠밀려 서양인들이 이해한 방식대로 불교나 유교를 이해하는 것을 주저하지 않습니다. 남이 맘대로 우리를 판단하게 놓아두는 것으로도 모자라 그 판단을 충실히 읊조려야 하는 앵무새가 되기를 기꺼이 자청하는 상황입니다.

그래서 불교는 종교가 아닌 철학으로 전락하고 있고, 유교도 그저 도덕책으로 치부되고 있습니다. 스스로에 대한 탐구의 방법과 고민은 지레 포기한 채 서양인들이 합리성과 과학이란 이름으로 포장해서 들이미는 독주를 의심 없이 받아 마시는 세상이 되어버렸습니다. 하지만 위기는 항상 기회를 동반하는 법입니다. 이런 상황일수록 움츠려들기보단 서양인들이 마음대로 내린 정의와 분류를 맑은 눈으로 되짚어 보고 잃어버렸던 우리의 목소리를 되찾기 위해 노력해야 합니다. 새장 속에서 남의 말을 따라 하는 앵무새보단 숲 속에서 자유롭게 지저귀는 산새 소리가 더 아름답게 느껴진다면 말입니다.

4대 성인의 미스터리에 대해서는 다음 힌트를 보고 각자 생각해 봅시다.

1. 서양 문명을 떠받드는 두 가지 기둥은 그리스 문화(헬레니즘)와 기독교(헤브라이즘)입니다. 그리스 신화와 철학 그리고 성경을 통하지 않고는 들어갈 수 없는 철옹성이 서양 문화입니다. 중세 기독교 교부 철학의 논리와 풍부성은 그리스 철학자인 플라톤의 사상에 크게 빚지고 있습니다. 저명한 영국의 철학자 화이트헤드(Alfred North Whitehead, 1861-1947)가 '근대 서양 철학은 플라톤 철학의 주석

일 뿐'이라고 말한 것만 보더라도 서양 문명은 그리스 문화와 기독교 문화가 서로 대립하고 의존하는 과정을 거쳐 성장해 왔다는 것을 알 수 있습니다. 성인의 반열에 든 소크라테스는 플라톤의 스승이었습니다.

2. 기독교와 이슬람교는 구약 성경에 기록된 공통된 하느님을 믿는 다는 점에서 그 근원이 같은 종교입니다. 하느님의 뜻을 받은 구세주로 기독교는 예수를 내세우고 이슬람교는 선지자 마호메트(무함마드)를 내세운다는 것이 다릅니다. 그러나 유럽과 이슬람의 종교 분쟁과 영토 점령에 따른 전쟁은 역사적으로 오랫동안 지속되어 왔고, 지금도 미국과 이슬람 문화권의 분쟁으로 옮겨와 9.11 사태와 같은 비극적인 상황으로 점철되고 있습니다.

이런 상황에서 여러분이 만일 기독교적 영향을 강하게 받으며 성장한 서양의 학자라면 과연 이슬람 세계의 정신적 지주의 역할을 하는 마호메트를 성인으로 인정하고 싶을까요?

점집 간판에 '보살'이란 말이 들어가는 것을 봤어요. 불교와 무속 신앙은 어떻게 다른가요?

조선시대에 들어서면서 숭유억불 정책으로 인해 불교는 토속 신앙과 더욱 밀착해 기복 신앙으로만 그 명맥을 유지할 수 있었습니다. 조선 후기에 사찰마다 우후죽순으로 지어진 산신각과 칠성각은 민간 신앙과 결합하지 않으면 살아 남을 수 없었던 불교의 속사정을 드러냅니다.

산신이나 칠성 등의 민간 신앙은 무속 신앙과도 일치하는데 그로 인해 사람들은 불교와 무속 신앙을 구별하기 어려워졌고, 무속 신앙인들도 자연히 자신이 불교의 큰 범주에 속해 있다고 자부하게 되었습니다. 그런 혼란 속에서 스스로 보살이라 칭하고 불상을 모시는 무속인들까지 등장하게 됩니다.

하지만 불교와 무속 신앙은 그 출발과 내용에서 확연히 다른 종교라고 볼 수 있습니다. 석가모니는 신이나 거룩한 대상에게 자신을 의탁해 구원을 원하는 인도의 전통 종교의 틀을 깨고 나와 스스로가 우주의 실상을 깨달아 자신을 구제하라는 새로운 가르침을 펼쳤습니다.

흔히 불자들은 무속인을 찾아가거나 점을 보는 것을 자연스럽게 생각하고 일부 승려는 절을 찾은 신도에게 사주나 점을 쳐주기도 하지만 그런 행동은 불교의 가르침과는 어울리지 않는 것입니다. 석가모니는 불자들이 자신의 지혜를 닦지 않고 점술이나 신통에 의지하는 것을 극히 꺼렸고 그것이 깨달음을 얻는 수행에 방해가 되는 일이라고 가르쳤습니다.

그렇다고 무속을 내팽개치거나 무속인을 멸시해도 된다는 뜻은 아닙니다. 흔히들 불교나 기독교는 고등한데 무속은 저열하다는 식의 독단론을 펼치는 사람들이 많은데 그것은 문화적 다원주의를 존중하지 않는 오만이고 독선이라 할 것입니다. 항시 열린 시각으로 폭넓게 바라볼 수 있는

불교를 상징하는 만(卍) 자와 선녀와 보살이 동시에 만나는 광경은 그리 낯설지 않은 한국 골목길의 풍경이다.

혜안이 필요하다 하겠습니다.

　인류에게 무속 신앙(샤머니즘)은 그 어떤 종교보다 깊고 오랜 연원을 지닌 신앙의 모태입니다. 무속과 무속인은 오랜 세월 우리 사회에 뿌리내린 문화의 원형질이자 우리 자신을 되돌아 볼 수 있게 하는 대단히 소중한 전통 유산이라는 것을 잊어선 안 될 것입니다.

다섯 번째 이야기

보살, 그 가깝고도 먼 이름

보살은 여성에게만 붙이는 명칭?

찬 바람이 부는 입시철이 다가 오면 산사나 도심의 절에는 회색 법복 바지를 입은 아주머니들이 몰려듭니다. 그들은 서로를 '보살'이라 부르면서 정성스럽게 기도를 올리고 소원을 빕니다.

바로 자식의 합격과 고득점을 기원하는 것이죠. 집에서는 어머니, 밖에서는 아주머니로 불리는 여성들이 절에선 보살이 됩니다. 그뿐 아니라 절의 법당을 청소하고 지키거나, 공양간에서 승려들의 밥을 짓는 것을 소임으로 하는 아주머니 분들도 법당보살이니, 공양주보살이니 해서 보살이라 부릅니다. 한국의 대부분 사찰에서 여자 신도를 지칭할 때 불명•을 넣어 아무개 보살이라고 부릅니다.

• 법명. 계를 받고 불교에 귀의해서 얻는 이름으로 천주교의 세례명과 비슷합니다.

사설 입시 학원의 광고물 같은 문구를 달고 대웅전에 내걸린 현수막.

사찰에서 보살이란 말이 이렇게 쓰이다 보니 보살이 여성에게만 붙이는 명칭이라고 오해하는 사람도 있습니다.

원래 보살이란 용어는 산스크리트어 보디사트바bodhisattva에서 나온 말입니다. 보디사트바를 비슷한 소리가 나는 한자를 조합해서 쓰면 보리살타菩提薩陀가 됩니다. (66쪽 참조) 이를 줄여서 부르니 보살菩薩이란 말이 생긴 것입니다. 마치 요즘 10대와 20대가 즐겨 쓰는 '베프'가 영어 베스트 프렌드best friend의 줄임말이듯 말이죠.

보디, 보리는 깨달음이란 뜻이고, 사트바, 살타는 목숨이 있는 것으로 중생을 의미합니다. 따라서 보살이란 말은 깨달음을 얻은 중생이나 깨달음을 추구하는 유정(有情 : 마음을 지닌 생명)이란 뜻입니다.

보살이란 말은 후대의 사람들이 석가모니를 주인공으로 한 교훈적인 이야기들을 만들어내는 과정에서 처음 등장합니다. 이를 불전문학佛傳文學이라고 하는데 『이솝우화』와 같이 석가모니를 자연이나 동물에

빗대어 교훈을 전해주는 비유와 은유를 통한 문학이었습니다. 그 중에서 『자타카Jataka』*는 석가모니가 전생前生에 보살로서 수행한 이야기들이 실려 있습니다. 불전문학에서 나타난 보살이란 명칭은 과거 세상의 부처(연등불)로부터 다음 생에 부처가 되리란 약속(수기, 受記)을 받은 석가모니 한 사람을 가리키는 말이었습니다. 그런데 그 보살이란 말이 대승 불교 시기로 넘어오면서 비약적인 의미 변화를 겪게 됩니다.

  석가모니 입멸 후 인도 불교는 소수의 엘리트 승려들이 불교의 실권을 쥐고 있었습니다. 복잡한 이론을 사용해 부처의 말씀을 해석하고 경전을 정밀하게 이해해야만 깨달음을 얻을 수 있다는 출가자들 위주의 부파 불교(상좌부 불교, 소승 불교)는 일반인들이 부처의 가르침을 믿고 따르는 데 어려움이 많았습니다. 그것은 마치 라틴어로 된 성경을 읽을 수 있는 성직자들만 신의 뜻을 독점하고 성경의 해석을 자신들에게 유리한 방향으로 왜곡하는 바람에, 대중들을 하느님의 뜻과는 다른 삶으로 내몰았던 중세 기독교와 유사했습니다. 그러다 보니 반발이 생기면서 대중들도 쉽게 접근할 수 있는 불교로 바뀌어야 한다는 운동이 일어났습니다.

  이것이 대승 불교인데 바로 이 과정에서 '보살'이란 용어는 대승 불교를 상징하는 의미로 자리잡게 됩니다. '보살'은 부처가 되기 전의 석가모니뿐 아니라, 대승의 가르침을 따르고 깨달음을 추구하는 모든 중생들로 의미가 확장된 것입니다. 경전의 복잡한 이론 논쟁이나 해석

---

* 『본생경』이나 『전생담』이라고도 합니다.

없이도 '이타적'인 삶을 살겠다는 서원을 세우고 깨달음을 향한 '수행과 실천'을 하는 한 누구나 불교도이고 보살의 자격을 가진다는 생각이었습니다.

보살은 '이타적'인 서원을 세우고 그것을 '실천'하는 사람들

대승 불교로 넘어오면서 수많은 대승 경전들이 편찬되고 새로 쓰였습니다. 그와 함께 불교의 문턱을 낮추려다 보니 자기 구제의 석가모니의 가르침이 타력 신앙으로 확장되고 변화되는 과정도 겪었습니다. 대중은 아무래도 스스로 자신을 구제하는 것보다 누군가에게 의지하고 의탁하고자 하는 마음이 앞서게 됩니다. 그래서 아미타불, 약사불 같은 부처가 등장하게 되고, 보살 가운데에서도 보살도(보살의 수행 덕목)를 완전히 성취했다고 상정한 보살들이 등장합니다.

석가의 지혜를 상징하는 문수보살, 석가의 행원력을 상징하는 보현보살, 중생을 어머니처럼 보듬어주는 관세음보살, 지옥중생을 구제하는 지장보살 등의 대보살이 그것입니다. 이러한 보살들은 이미 깨달음을 성취했으나, 부처처럼 근접하기 힘든 높은 곳에 머무르는 존재가 아니라 중생들의 편에 서서 때론 친구처럼 때론 스승처럼 우리를 깨달음으로 이끌어주고 사람들의 고통을 덜어주고 바람을 이루어주는 존재로 생각되었습니다.

대승 불교의 보살은 이와 같이 '이타적'인 서원을 세우고 그것을 '실천'하는 사람들에게 붙여주는 이름입니다. 이타적인 서원이란 보살이라면 갖추어야 할 필수적이고 보편적인 서원인데 이를 네 가지 큰 맹세와 바람이라 하여 사홍서원四弘誓願이라고 합니다.

중생을 다 건지오리다.
번뇌를 다 끊으오리다.
법문을 다 배우오리다.
불도를 다 이루오리다.

이를 줄이면 '상구보리 하화중생上求菩提 下化衆生'이라는 여덟 글자로 표현할 수 있습니다. 위로는 보리(깨달음)를 구하고 아래로는 중생을 건진다는 말입니다. '상구보리 하화중생'은 보살의 정체성을 단적으로 표현한 말이라고 할 수 있습니다. 그런데 자식의 입신 출세나 합격, 부모님의 건강이나 남편의 사업을 위해서 절에 들락거리는 '보살' 아주머니들을 과연 이타적인 서원을 세운 보살이라 불러야 할까요? 또, 마치 절과 법당의 주인인양 행세하면서 관광객들과 일반 신도들의 법당 내에서의 행동거지 하나하나에 사납게 눈을 부라리다, 누군가 축원과 재를 지내기 위해 시주를 한다고 하면 상냥한 얼굴로 돌변하는 법당보살들도 과연 '보살'이란 이름이 어울리는 존재들일까요? 어쩌면 이 시대의 보살은 절 안이 아니라 절 밖에서 찾아야 할지도 모릅니다. 보살이란 이름은 편견과 박봉에 시달리면서도 음지에서 소외된 계층과 상처 입은 사람들을 돕고 있는 분들에게 돌아가야 하는 명칭은 아닐까요?

> **더 읽어 볼 책**
>
> 『불교, 이웃종교로 읽다』 오강남 (현암사)
> 그리스도교를 기반으로 한 비교종교학자가 쓴 뛰어난 불교 입문서. '하나의 종교만 아는 사람은 아무 종교도 모른다'란 테마 아래 그리스도교인과 불교인들의 상호 소통과 이해를 위해 쉽게 쓰인 책으로 종교가 없는 일반인들이 읽기에도 무리가 없다. '기복'과 '자기 중심주의'에 빠져 서로 배척하고 미워하는 그리스도교인과 불교인이라면 반드시 읽어야 할 필독서이다.

🔍 불교와 경전이 인도에서 중국으로 전파됨에 따라 산스크리트어로 된 경전을 한문으로 번역해 풀어 써야 할 필요가 생겼습니다. 그러나 여러 가지 이유에서 모든 말을 다 번역할 수 없었습니다. 이를 오종불번(五種不翻 : 번역하지 않는 다섯 가지)이라고 하는데 다음과 같습니다.

1. 뜻이 너무 다양해 한 단어로 풀어 쓰기에 어려운 것 2. 비밀한 뜻을 품고 있어 일부러 풀지 않는 것 3. 문화가 달라 중국어로 적당히 대체할 말이 존재하지 않는 것 4. 예부터 관습으로 써온 것 5. 번역하면 뜻이 경박해지는 것

이와 같은 다섯 가지 원칙에 해당하는 말은 산스크리트어 음과 비슷하게 한자를 조합해서 쓰게 되었고, 우리나라는 중국에서 경전이나 불교를 전수받은 탓에 가사, 사리, 불타, 보살, 보리, 다비, 탑 등의 용어들을 그대로 쓰고 있습니다. 이런 현상은 'television'이나 'shampoo', 'genome' 등과 같이 외국에서 들어온 말을 따로 해석하지 않고 소리나는 대로 '텔레비전', '샴푸', '게놈(지놈)'이라고 쓰는 것과 같습니다.

불교 신자들도 일요일마다 절에 가야 하나요?

안식일인 일요일에 교회나 성당에 나가야 하는 기독교인들이나 하루 몇 차례 모스크에 들어가 예배를 드려야 하는 이슬람교도와 다르게 불교도들에게는 그런 계율이 없습니다. 다만 바쁜 현대인들을 위해 일요일에 법회를 열고 사람들을 모아 놓고 경전 공부를 하는 사찰이 많이 늘었습니다. 불교 신자의 교육과 불교의 대중화를 위해서 긍정적이고 바람직한 현상이라 볼 수 있습니다. 하지만 절에 가서 불상 앞에 앉아야지만 부처님을 만날 수 있다고 생각할 필요는 없습니다. 사찰 청년회에 속해 있거나 스님으로부터 불명을 받아야 불교 신자로 자부할 수 있는 것도 아닙니다. 삶과 생활 속에서 붓다의 가르침을 실천하고 수행해 이웃을 위해 봉사하고 사회를 위해 노력한다면 절에 가지 않아도 절에 간 것이 되고, 신도증이 없어도 진정한 불교 신자라 불릴 수 있는 것입니다.

김규항의 〈교회〉란 글은 종교란 성전(절, 교회, 성당)에서가 아니라 삶에서 찾아야 한다는 가르침의 핵심을 찌르고 있습니다.

"나는 교회에 다니지 않는다. 하지만 나는 기독교인이다. 아이가 경기라도 하면 나는 며칠 사이 지은 죄를 떠올린다. 나는 예수에 의지한다. 내가 가진 단출한 지식과 사상을 통틀어 예수의 삶만큼 나를 지배하는 건 없다. … 교회에는 예수 대신 맞춤식 예수 상像들만 모셔져 있었다. … 나는 이제 나보다 다섯 살이 적어진 예수라는 청년의 삶을 담은 마가복음을 읽는다. 내가 일 년에 한 번쯤 마음이라도 편해 보자고 청년의 손을 잡고 교회를 찾을 때 청년은 교회 입구에 다다라 내 손을 슬그머니 놓는다. 내가 신도들에 파묻혀 한 시간 가량의 공허에 내 영혼을 내맡기고 나오면 그 청년은 교회 담장 밑에 고단한 새처럼 앉아 있다."

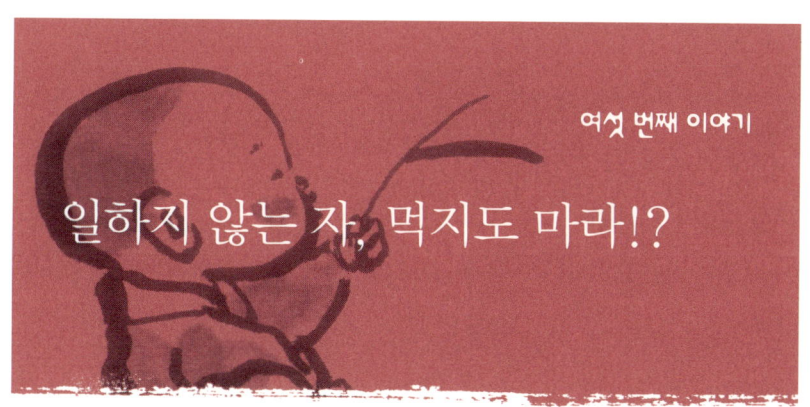

여섯 번째 이야기

일하지 않는 자, 먹지도 마라!?

**불교는 원래 밥벌이를 위한 노동을
인정하지 않는 종교**

'목구멍이 포도청'이란 말이 있습니다. 빅토르 위고의 소설 『레 미제라블』에는 배고픔을 못 이겨 빵 한 조각을 훔친 죄로 19년을 감옥에서 보내야 했던 '장발장'이란 인물이 나옵니다. 장발장의 행위는 배고픔이라는 원초적 본능을 도덕이나 법률로 막을 수 없다는 걸 보여줍니다. 왜냐면 산다는 것은 곧 먹는 일이기 때문입니다.

현대인들은 먹고 살기 위해 원시인들처럼 들판에 나가 과일을 따거나 동물을 사냥하지 않습니다. 대신 일터에 나가 노동을 하고 받은 임금으로 삶을 영위합니다. 일과 노동의 일차적 목표는 굶어 죽지 않기 위함입니다. 자아 실현과 사회에 대한 공헌은 그 다음 문제입니다. 사람들이 직장이나 일을 흔히 '밥줄'이라고 표현하는 것도 이런 이유입니다.

"일하지 않는 자, 먹지도 마라."

임금이 곧 삶을 유지하는 기본적 수단이 되는 현실에 비추어 이런 말이 상식처럼 사회 곳곳을 떠돌고 있습니다. 이 말은 또 성실하게 일한 사람만이 '밥 먹고 살 자격'을 가진다는 의미로 확장되어 일상 생활에서도 자주 쓰입니다. 직장을 못 구하고 집에서 빈둥거리는 삼촌이 식탁에 앉아 맛난 반찬을 자꾸 집어먹는 것을 보면서 '일하지 않는 자여, 먹지도 마라.'라고 속으로 되뇌었던 적은 없었던가요?

그런데 '일하지 않는 자, 먹지도 마라'라는 말의 어원은 중국의 선사(禪師)인 백장회해(百丈懷海, 720~814)의 '일일부작 일일불식一日不作 一日不食'에서 비롯된 말입니다.

스님은 날마다 운력(스님들이 행하는 공동 노동)이 있을 때마다 남들보다 먼저 나섰다. 스님을 모시던 시자가 이를 민망하게 여겨 몰래 연장을 숨기고 쉬시기를 청하니, 스님이 말했다. "내가 아무런 덕도 없는데 어찌 남들만 수고롭게 할 수 있겠는가?" 스님은 연장을 찾지 못하면 그날의 공양(승려들의 식사)도 걸렀다. 그리하여 '하루 일하지 않으면, 하루 먹지 않는다'는 말이 세상에 퍼지게 되었다.

그런데 여기서 이상한 역설이 발생합니다. 불교는 원래 밥벌이를 위한 일이나 재화를 벌기 위한 노동을 인정하지 않는 종교입니다. 불교의 교주인 석가모니는 승려들에게 일하지 말고 거지처럼 음식을 빌어

먹으라고 말씀하셨습니다. 자신도 몸소 승려들을 이끌고 신도들의 집을 찾아다니며 밥을 동냥하며 살았습니다. 그래서 그 시절 한 농부가 석가모니의 행동에 불만을 품고 따져 물었습니다.

"당신은 왜 스스로 일해서 먹을 생각은 하지 않고 다른 사람이 땀 흘려 지어 놓은 밥을 구걸하고 다닙니까?"

그러자 석가모니는 침착하게 대답했습니다.

"당신이 밭에 씨를 뿌리고 곡식을 심어 열매를 맺게 하듯, 나도 내 마음의 밭에 착한 마음과 바른 생각을 심어 키우고 있습니다. 당신이 수고롭게 수확한 곡식은 수많은 사람들이 나누어 먹을 수 있듯, 나 또한 내 마음의 밭에서 키운 수확물을 온 세상 사람들과 나눌 수 있기에 당신의 일과 저의 일이 별반 다르지 않습니다."

밥 먹고 똥 누고 숨 쉬고
움직이는 모든 일이 수행

이러한 기치를 내건 불교에서 백장회해란 선사는 일을 하지 않아 밥을 먹지 않았다니 이는 석가모니의 가르침과 정면으로 배치되는 일이 아닐까요?

석가모니가 승려들에게 걸사(乞士: 거지)가 되라고 했던 것은 하루 먹고 하루를 사는 욕심 없는 삶의 태도를 견지시키기 위해서였습니다. 빌어먹는 음식은 쌓아 두면 썩어서 먹거나 쓸 수 없지만, 노동을 통해 재화나 화폐를 획득하고 그것이 쌓이게 되면 먹고 사는 일 이외에 다른 욕망이 생깁니다.

특히 수많은 광고와 매체들이 인간의 욕망을 부풀리고 자극하는 현대의 삶에서는 거의 불가피한 현상입니다. 멀쩡한 핸드폰을 신제품으로 바꾸고 싶고, 잘 굴러 다니는 소형차를 더 크고 멋진 세단으로 바꾸고 싶어 하는 것이 인간의 욕망입니다.

현대의 인간은 점점 먹고 살기 위한 수단으로서의 노동이 아닌 자신의 욕망을 채우기 위한 수단으로 노동을 선택하게 됩니다. 더 나은 미래와 더 좋은 물건을 가지기 위해 현재를 희생하고 자신의 몸을 괴롭히며 도에 넘는 노동을 하는 것도 마다하지 않습니다. 노동은 성실한 땀방울을 통해 이룬 밥벌이나 기쁨과 자긍으로서 자신의 정체성을 확인하는 행위가 아닌 자신을 괴롭혀가면서 어쩔 수 없이 행하는 고생으로 변질되는 것입니다.

명품 가방이나 옷을 사기 위해 아르바이트를 하거나 술집에 나가는 사람들이 생기고, 회사에 나가서도 주식 투자를 하거나 경매 부동산 정보를 기웃거리는 직장인들이 늘어난 것도 일종의 노동의 소외입니다. 이는 먹고 살기 위한 수단이라기보다는 현대 자본주의 사회가 부풀린 우리 안의 욕망을 채우기 위한 행위입니다. 석가모니는 목숨을 연명할 수 있는 기본적 노동인 구걸을 제외한 모든 노동을 금함으로써 경제적 부를 쌓을 수 있는 기회를 차단하고 승려들이 헛된 욕망에 휘둘리는 것을 예방하고자 했습니다.

그런데 백장회해 선사는 일을 하지 않으면 밥을 먹지 않았습니다.

노동을 하지 않으니 밥 먹을 자격이 없었다는 이야기일까요? **백장회해 선사의 노동은 밥벌이를 위한 도구도, 욕망이나 자본에 의해 소외된 노동도 아니었습니다. 온전한 '자기 확인'이자 땀의 수고로움을 인식하는 성스러운 행위였습니다. 그에게 노동이란 곧 수행이었던 것입니다.** 선종의 선사들이 하는 말 중엔 '평상심平常心이 도道'라는 말이 있습니다. 즉, 밥 먹고 똥 누고 숨 쉬고 움직이는 모든 일이 수행과 다르지 않다는 말입니다. 백장회해 선사는 노동의 가치를 증명하고자 일을 하지 않으면 굶었던 것이 아니었습니다. 우리가 백장회해 선사를 통해 배울 점은 노동까지도 수행 안으로 끌어들인 선사의 치열한 구도 정신입니다. 그러므로 선사가 노동을 한 것이 수행이었다면, 노동을 하지 않아 밥을 먹지 않은 것도 수행이었다는 결론에 도달해야 합니다. 백장회해 선사의 노동은 일반인들이 생각하는 노동의 범주를 이탈한 것이었습니다.

이러한 백장회해 선사의 뜻은 살피지 않은 채 사람들은 '일일부작 일일불식'을 마음대로 인용하며 노동을 찬양하고 게으름을 몰아내는 구호로 삼고 있습니다. 그러나 '일하지 않는 자, 먹지도 마라'라는 구호가 일하지 않고 가진 돈으로 편안하게 소득을 올리는 건물주나 부동산투기꾼 등을 비판하기 위해 만들어진 말이라고 순진하게 생각해선 곤란합니다. 현실에서 이 말은 일하고 싶어도 일자리를 구하지 못하거나 억울하게 일자리에서 쫓겨난 사람들을 도덕적으로 비난하고 내몰아, 더욱 열악한 노동 환경에 들어가서 일하는 것도 마다하지 말라는 재촉으로 쓰이고 있는 형편입니다.

만약 일하지 않는 자는 먹을 수 없다는 말이 문자 그대로 적용된다면 어떻게 될까요? 직업을 구하지 못한 사람이나 병실에 누워 있는 환자들이나 장애가 심해 숟가락을 드는 일조차 힘겨운 장애인들은 삶을 포기하라는 소리가 됩니다. 인간의 존엄성은 노동을 통한 생산력만으로 판단할 수 없습니다. 하지만 우리나라는 '고도 압축 성장'이라 불리는 급격한 산업화 이후 인간의 실존이나 존엄보다는 물질적 성공이나 노동(생산)을 중시하는 사회적 관념과 인식이 깊게 뿌리를 내리게 되었습니다.

얼마 전 어느 조사에서 한국인의 행복감은 한국과 비슷한 국민 소득의 국가들 사이에서 꼴지를 기록하고 있는 것으로 나타났습니다. 사회적 안전망과 인간에 대한 신뢰가 없고, 무한 경쟁과 만인에 대한 만인의 투쟁이 주류 사상을 차지하는 사회의 구성원들은 자칫 삐끗하면 나락이란 불안감 때문에 늘 스트레스를 받고 조급해질 수밖에 없습니다. 우리가 늘어나는 소득 수준에 반비례해서 점차 불행해지는 이유는 자신과 타인을 찬찬히 돌아보고 서로를 보듬고 귀하게 여길 여유, 즉 인간미를 잃어버렸기 때문입니다.

우리는 이제 '일하지 않는 자, 먹지도 마라'라는 말을 함부로 쓰기보단 '일일부작, 일일불식'이란 말의 참 뜻을 살려 용기 있게 말해야 합니다.

"일하지 않는 자, 먹어도 된다! 그대가 일하지 않는 것을 그대의 일로 삼을 수 있다면, 혹은 그렇지 않더라도…. 왜냐면 그대도 나와 같이 소중한 인류 중 한 명이니까."

스님들은 왜 고기를 먹지 않나요?

초기 불교의 승려들은 집집마다 돌아 다니며 먹다 남은 밥을 얻어 끼니를 해결했습니다. 거지들이 구걸한 음식을 가리지 않듯 승려들도 매한가지였습니다. 자연히 생선이나 고기가 섞여들 수밖에 없었고 석가모니도 그런 것에 크게 개의치 않았습니다.

그 후 교단이 정비되면서 신도들이 절로 보낸 공양물을 먹거나 신도들의 집에 초대받아 식사를 하게 되면서 문제가 생기게 되었습니다. 신도들이 승려를 위한답시고 가축을 잡아서 대접하는 일이 생기자 석가모니는 고기를 먹는 데 몇 가지 규칙을 정했습니다.

첫째, 자신을 위해 직접 죽이는 것을 보지 않은 짐승의 고기 둘째, 남으로부터 그런 사실을 전해 듣지 않은 고기 셋째, 자신을 위해 살생했을 것이란 의심이 가지 않는 고기 등을 말합니다. 그 외에 수명이 다해 자연사한 짐승의 고기나 다른 짐승이 먹다 남긴 고기는 먹을 수 있다고 했습니다.

이렇듯 불교 초기엔 비교적 자유로웠던 승려들의 육식은 중국과 한국 등의 쌀농사 문화권(채식 중심의 식단)을 거치고, 걸식 대신 신도들에게 받은 공양물을 사찰에서 직접 만들어서 먹을 수 있게 됨에 따라 육식을 금하는 계율로 강화되었습니다. 그것은 바로 부처님이 정한 불살생不殺生의 계와 연관이 있습니다. 자신을 위해 남이나 생명이 있는 것을 죽이지 말라고 했던 가르침과 연관되어 육식 자체를 금하게 된 것입니다. 따라서 고기를 먹지 말라는 계율의 본뜻을 안다면 현대의 승려들이 자장면에 든 고기나 육골분 스프가 첨가된 라면을 먹는다고 해서 크게 허물하거나 색안경을 끼고 볼 것은 없습니다.

그러나 육식보다는 채식을 유도하는 육식 금지 계율에 일반인들도 기꺼이 동참해야 하는 시기에 접어들었습니다.

집 밖을 나서면 고기 집과 치킨 집, 햄버거를 파는 패스트푸드점으로 거리가 온통 도배된 실정에서 이에 대한 반응으로 사찰의 식단을 옮겨와 사람들에게 제공하는 사찰음식 전문식당이 각광받고 있습니다.

스님은 언제 자고 언제 일어나나요?

승려들이 많이 기거하는 큰 규모의 사찰에서는 새벽 3시의 아침 예불로 하루를 시작합니다. 가사와 장삼을 입은 승려들이 범종 소리에 맞추어 어둠을 헤치고 일렬로 법당에 들어서는 모습은 장관입니다.

범종 소리가 그치고 대중들이 다 모이면 예불이 시작되고 낭랑한 목탁 소리와 함께 부처님을 향한 예불문이 법당 안에 울려 퍼집니다. 사찰에 따라 100여 명에 가까운 대중들이 한 곡조로 맞추어 토해내는 예불문의 장엄함은 듣는 이들의 마음을 정화시키는 역할도 합니다.

예불문이 끝나면 예불을 집전하는 승려에 의해 발원문이 낭송되고 마지막으로 대중들이 신중단을 향해 몸을 틀어 선 뒤 반야심경을 암송하는 것으로 예불이 끝납니다.

새벽 3시에 아침을 여는 것은 음양오행陰陽五行 사상과 관련이 깊습니다. 새벽 3시는 오행 중 목(木: 나무)에 해당하는 시간으로 생명이 약동하고 움트는 기운이 강해 하루를 열기에 가장 좋은 시간이라고 합니다. 아침 예불이 시작되기 전 가장 처음으로 행하는 도량석(사찰 곳곳을 목탁을 두드리며 돌면서 진언이나 경을 외우는 것으로 대중을 깨우고 사찰의 어둠을 몰아내는 의식)에 나무로 만든 목탁을 울리는 것도 목의 기운에 부합하기 위한 것입니다.

아침 예불 후 승려들은 대중방에 돌아가 경전 공부를 하거나 선정에 들며 하루를 보낸 뒤 다시 저녁 6~7시경 범종 소리에 맞춰 다시 법당에 모여 저녁 예불을 시작합니다. 저녁 6~7시는 오행 중 금(金: 쇠)에 해당하는 시간으로 하루를 정리하고 마무리하는 시간입니다. 목탁으로 아침을 여는 것과 달리 저녁 예불은 법당에 매달린 작은 종(쇠의 기운)을 치며 경을 외우는 종송鐘誦으로 시작됩니다. 저녁 예불은 발원문은 생략하고 예불문과 반야심경만을 외운 뒤 끝이 납니다.

저녁 예불이 끝나면 승려들은 각자의 처소로 돌아가 밤 9시경에 잠자리에 듭니다. 밤 9시는 오행 중 수(水: 물)의 기운이 시작되는 시간으로 내일을 위한 에너지를 응축하고 비축하기에 좋은 시간이기 때문입니다. 이렇듯 승려들의 기상과 취침 등의 시간은 음양오행상 우주의 기운과 맞물리며 인간의 건강과 활동에 도움을 주는 최적의 시간을 고른 것입니다. 그러나 도심에 있는 사찰에서는 현대인들의 생활과 맞추기 위해 아침 예불을 4시나 5시로 늦추고 있으며, 승려들도 늦게 잠자리에 드는 편입니다.

일곱 번째 이야기

달마야 놀자

신광의 깨달음

중국의 신광神光이란 사람이 어느 겨울날 낙양에 있는 숭산 소림사를 찾아갔습니다. 소림사 토굴엔 인도에서 중국으로 건너와 9년간 벽만 바라보고 있다는 달마(達磨, Bodhidharma, ?~?)가 머물고 있었습니다. 신광은 벽을 마주 보고 앉은 달마의 등 뒤로 가서 무릎을 꿇고 청했습니다.

"스님, 저를 제자로 삼아 가르침을 내려주십시오."

그러나 달마는 묵묵부답, 벽만 바라볼 뿐 미동도 없었습니다. 어느새 밖에는 눈이 내리고 있었습니다. 신광은 자신의 체온을 빼앗으며 싸락싸락 내리는 눈송이에 아랑곳하지 않고 달마가 입을 열 때까지 기다렸습니다. 그렇게 밤새도록 기다렸건만 달마는 한 마디도 하지 않았습니다. 날이 뿌옇게 밝아오고 눈이 무릎까지 차오르자 신광은 더는 견디지 못하고 다시 청을 올렸습니다.

"스님, 저를 제자로 받아주십시오. 불법佛法의 큰 뜻을 배우고 싶습니다."

신광의 목소리에 달마의 등이 꿈틀하는가 싶더니 달마가 천천히 입을 열었습니다.

"허, 고작 하룻밤 새운 것으로 불법의 깊은 뜻을 알고자 하다니 아직 멀었군. 불법의 심오한 뜻은 호기심이나 어설픈 결심으론 알 수 있는 게 아니니 헛고생 그만하고 집으로 돌아가게."

신광은 벌떡 일어서서 품에 지닌 칼을 빼내 자신의 왼팔을 싹 베어낸 뒤, 무정하게 돌아 앉은 달마를 향해 외쳤습니다.

"이래도 안됩니까!"

희디흰 눈밭에 신광의 붉은 피가 각혈처럼 박혀갈 때, 눈 덮인 땅에서 별안간 푸른 파초가 자라나 잘려나간 신광의 팔을 넓은 잎으로 떠받아주었습니다. 그제야 달마는 뒤를 돌아보며 물었습니다.

"대체 뭘 알고 싶어서 이 난리를 치는고?"

달마의 목소리는 이전의 냉랭함은 사라지고 사뭇 부드럽기까지 했습니다. 이에 신광은 피가 뚝뚝 흐르는 팔을 감싸 쥐며 차분하게 물었습니다.

"제 마음이 평안을 얻지 못해 괴롭습니다. 마음을 평화롭게 할 방법을 알려주십시오."

그러자 달마가 단호하게 말했습니다.

"그렇담 괴롭다는 네 마음을 내게 보여 보게. 내가 평화롭게 해줄

혜가단비도. 서울 개운사.

테니."

비수처럼 꽂히는 달마의 말에 신광은 당황해서 더듬거렸습니다.

"그… 그게, 제가 오랫동안 찾았지만 마… 마음이란 걸 찾을 수 없더군요."

"그렇다면 내가 묻겠네. 마음을 찾지도 못하면서 마음이 평안하지 못하다는 말은 어째서 했는고?"

"……."

달마는 빙긋 웃으며 말했습니다.

"찾을 만한 마음이 없다면 마음이 괴로울 일이 뭐가 있겠는가? 나는 이미 그대의 마음을 편안하게 했도다."

그 순간 신광은 깨달음을 얻었습니다. 이후로 신광은 달마에게 혜가

(慧可, 487~593)라는 법명을 얻어 달마의 깨달음을 잇는 조사(祖師:깨달음을 이룬 선불교의 승려)가 되었습니다.

위의 이야기는 사찰 벽화로 숱하게 그려지는 혜가단비*와 선가의 화두로 삼는 안심법문**을 합친 일화입니다. 치열한 구도의 정신으로 팔을 자른 혜가를 기려 중국 소림사에서는 아직도 한 손으로 합장을 하는 관습이 남아 있습니다.

달마는 가상의 인물?

달마가 혜가에게 마음을 내놓으라고 말한 부분은 기독교의 사상가이자 철학자인 성 아우구스티누스(Aurelius Augustinus, 354~430)가 그의 저서 『고백록』에서 한탄한 '시간時間'에 관한 언급을 생각나게 합니다.

"그러면 시간이란 무엇인가? 아무도 내게 묻지 않는다면 나는 시간이 무엇인지 안다. 그러나 만일 누군가 시간을 설명해달라고 한다면 나는 시간이 무엇인지 모른다고 고백할 수밖에 없다."

이 책을 읽고 있는 여러분은 어떤가요? '마음'이나 '시간'을 설명할 수 있습니까?

---

* 慧可斷臂 : 혜가가 팔을 끊었다는 뜻.
** 安心法門 : 혜가의 마음을 편안하게 한 달마의 법문.

그런데 인도에서 건너와 중국의 선불교(禪佛敎, 선종)를 창시했다고 선가禪家에서 주장하는 달마는 정체가 애매모호한 사람입니다. 일설에는 남인도의 향지국香至國의 셋째 왕자로 불문에 귀의해 석가모니의 심법(마음으로 전하는 법)을 전수받은 뒤, 인도 땅에서는 더 이상 불법이 인연이 없음을 알아채고 520년경 중국으로 건너와 그 가르침을 혜가에게 전수했다고 알려져 있지만 근거가 불분명합니다.

학자들은 최근 둔황敦煌에서 출토된 어록을 바탕으로 달마가 실존했다는 근거를 대고 있지만, 어록은 달마의 제자들이 편찬했다고 추정될 뿐 확실한 사항은 밝혀진 것이 없습니다. 이와 반대로 달마는 중국 선종이 인도의 석가모니로부터 이어진 정통 불교라는 이미지를 강조하기 위해 끌어온 가상의 인물이라는 견해도 있습니다.

지리산 자락에 자리 잡고 있는 아름다운 사찰인 쌍계사에는 이런 견해와 맥이 닿아 있는 전설이 내려옵니다. 이야기인즉, 중국 선종의 1조一祖 달마가 2조二祖 혜가에게 전수한 불법을 이어받아 가장 화려하게 꽃피운 6조六祖*** 혜능(慧能, 638~713)의 머리가 쌍계사 금당의 탑 안에 모셔져 있다고 합니다. 예전 쌍계사에 있던 승려들이 중국으로 건너가 죽은 혜능의 머리만 베어 왔다는 것이죠.

그런데 중국 광동성의 남화사에서는 자신들이 온전한 6조 혜능의 등신불****을 모시고 있다고 주장하며 근거 문헌까지 들이밀고 있습

*** 중국 선종은 1조 달마-2조 혜가-3조 승찬-4조 도신-5조 홍인-6조 혜능으로 이어졌습니다.
**** 미라처럼 그 형태가 보존되어 부처라고 숭배를 받는 승려의 시신.

니다. 어느 절의 이야기가 진실인지, 혹은 둘 다 거짓인지는 알 수 없지만, 한국의 쌍계사나 중국의 남화사나 선종의 정통성을 자신들이 이어받았다는 상징적 의미로 6조 혜능을 이야기하고 있다는 사실만은 분명합니다.

여기서 우리는 중국의 선불교가 인도 승려 달마를 끌고 와 초대 조사로 세울 수밖에 없었던 사정에 대해 조금 더 고민해 봐야 합니다. 쌍계사나 남화사의 예에서 보듯 적통을 주장하거나 정통성을 갖추기 위한 몸부림은 항상 있어 왔지만, 달마와 관련한 세세한 일화나 달마로부터 이어진 조사들의 계보도를 작성하는 등의 노력을 통해 달마를 실존 인물처럼 느끼게 만든 것에서 우리는 중국의 선불교가 지닌 일말의 불안감을 훔쳐볼 수 있습니다.

그것은 중국의 선종이 인도에서 전래된 기존의 불교와는 상당히 다른 혁신적이고 파격적인 불교라는 것을 암시합니다. 종래 불교에 대한 중국 선불교의 일탈성과 파격을 가장 잘 대변하는 임제 선사(臨濟, ?~867)의 말이 있습니다.

"부처가 오면 부처를 죽이고, 조사가 오면 조사를 죽여라."

부처는 불교란 종교의 교주이자 의지처입니다. 그런데 그 부처를 죽이라고 하니, 만일 석가모니의 법을 정통으로 이어받았다는 달마라는 존재가 없었다면 이단으로 몰리기 십상이었을 겁니다. '부처를 죽이겠다'는 은유는 기존 불교의 딱딱한 의례와 교리에서 해방되어 자유롭게 사유하고 수행하겠다는 의지의 발현이었습니다. 그래서 등장한 것이 교외별전敎外別傳, 불립문자不立文字란 표현입니다. 즉, 부처님이 말로 남긴 가르침 외에 별도로 전한 마음의 법이 선불교이고, 문자를 세우지 않고도 깨달음을 얻는 것이 선종이란 뜻입니다. 선종은 이 근거를 부처님이 말없이 꽃을 들어 보이자 사람들은 어리둥절하고 있는데 제자인 가섭만 그 뜻을 알아채고 배시시 웃었다는 '염화시중拈花示衆의 미소微笑'란 일화에서 찾고 있습니다. (149쪽 참조) 문자나 말이 필요 없이 마음에서 마음으로 직접 전하고 통하는 선종의 가르침을 '이심전심以心傳心'으로 표현하기도 합니다.

달마도에 빠지지 않고 등장하는 '직지인심 견성성불直指人心 見性成佛'이란 문구도 선불교의 이상을 잘 나타내고 있습니다. 사람의 마음을 직접 가리킬 수 있고, 스스로의 본성을 꿰뚫어 보기만 한다면 곧 부처가 되리란 말입니다.

중국의 선종은 경전 공부를 통해서 불법을 이론적으로 이해하는 일이나 오랜 시간을 거쳐 수행해야 비로소 깨달음에 다가갈 수 있다는 관념을 타파해버립니다. 방앗간에서 일했던 한낱 무식쟁이에 불과한 6조 혜능이 오랫동안 5조 홍인(弘忍, 601~674) 밑에서 수행하고 공부해온 수제자 신수(神秀, 605~706)를 제치고 홍인의 의발•을 전수받을 수 있었던 것도 이런 이유였습니다.

선불교에서 복잡한 절차나 오랜 수행 없이 마음을 보는 것만으로 단박에 깨달음을 얻을 수 있다고 주장한 것은, 모든 중생이 본디 청정하고 더럽혀질 수 없는 본성을 갖춘 부처이기에 자신을 바로 보기만 하

• 衣鉢 : 선종에서 자신의 깨달음을 이은 제자에게 스승이 전하는 가사와 밥그릇.

면 깨달음이 가능하다는 전제에서 출발합니다.

　그러나 부처의 마음처럼 맑은 거울을 가지고 있더라도 그 위에 먼지가 쌓여 있다면 자신의 본 모습을 제대로 보거나 비추긴 어려울 것입니다. 그럼 그 마음이라는 거울을 맑게 닦아내면 본성과 깨달음을 얻을 수 있을까요? '그래, 마음의 먼지를 제거하고 본성을 바로 보기 위해 열심히 수행해야지.' 하고 생각하는 순간, 선불교는 숨 쉴 틈을 주지 않고 방망이로 우리의 머리를 후려칩니다. 이는 5조 홍인의 법의 전수를 놓고 경쟁했던 신수와 6조 혜능의 게송에 잘 나타나 있습니다.

　　몸은 깨달음이 열리는 나무이고
　　마음은 맑은 거울(명경대)이니
　　부지런히 털고 닦아서
　　먼지가 끼게 하지 않으리.

　신수가 이렇게 게송을 짓자 혜능은 다음과 같은 게송으로 받아칩니다.

　　깨달음은 본디 나무가 아니고
　　마음에는 거울을 끼울 만한 대臺가 없다.
　　본래 한 물건도 없으니
　　어느 곳에 먼지가 낀단 말인가?

혜능은 아예 닦아야 할 '마음' 조차도 없다고 말합니다. 그렇다고 해서 선불교가 수행을 무의미하게 생각했던 것은 아닙니다. 다만 '마음'이라는 말과 문자에 매달려 집착하다 보면 도리어 애초에 찾고자 했던 진실한 '마음'을 잃어버리고 엉뚱하게 방황하게 되는 것을 경계했습니다. 즉, 달을 가리키기 위해 치켜든 손가락을 사람들이 달이라고 착각하는 것을 피해 보고자 이런 말을 했던 거죠. 선가의 '불립문자'의 기풍은 이러한 맥락으로 이해할 수 있습니다.

달마 대사가 서쪽에서 온 까닭은?

역사적으로 선종은 남종선南宗禪과 북종선北宗禪으로 나뉘어 발전하게 되는데 단박에 깨닫는 것(돈오)을 중시하는 6조 혜능은 남종선의 초조初祖가 되고, 수행과 점차적 깨달음(점오)을 주장하는 신수는 북종선의 문을 열게 되었습니다.

깨달음을 얻어 다다른 경지에 따라 선은 외도선, 범부선, 소승선, 대승선, 최상승선으로 분류됩니다. 가장 뛰어난 선의 경지로 인정받는 최상승선은 여래(如來 : 진리로 부터 오는 자, 부처)선과 조사(승려)선으로 다시 갈라지게 되는데 여기서 주목할 점은 조사선을 여래선보다 더 높은 위치에 놓고 궁극적으로 도달해야 할 최고 수준의 선이라 설정했다는 점입니다.

이는 부처를 능가하는 조사들의 시대가 열렸다는 선언이기도 하고,

후대로 흐르면서 인도 불교를 능가했다는 중국 불교의 자신감이 나타나는 대목이기도 합니다.

선불교의 수행법으론 조용하게 마음을 관찰하는 묵조선默照禪과 화두話頭나 공안公案을 놓고 참구하는 간화선看話禪이 있습니다. 화두(공안)는 승려들이 찾아와 불법을 구하자 중국의 역대 조사들이 답한 말들에서 발췌한 문답형의 화두가 주종을 이룹니다. 1,700여 개에 이르는 화두 중 유명한 화두로는 다음과 같은 것들이 있습니다.

"달마 대사가 서쪽에서 온 까닭은?"

"불법의 뜻이 무엇인지요?"
"뜰 앞의 잣나무니라."

"개에게도 불성이 있습니까?"
"무無!"

화두참구話頭參究는 조사들이 왜 '무無'나 '뜰 앞의 잣나무'라고 대답했는지에 대해 끊임없이 의심에 의심을 거듭해 이성이나 머리가 아닌 온몸을 부딪쳐 그 비밀을 푸는 것에 있습니다. 현재 우리나라 불교는 남종선 중 임제종을 받아들여 단박에 깨닫는 것을 추구하는 돈오 계열과 화두참구로 수행하는 간화선이 주류를 이루고 있습니다.

더 읽어 볼 책

『선의 나침반』 현각 (열림원)
외국에서 한국의 선불교를 전파하며 수많은 외국인들을 깨달음의 길로 이끌었던 숭산 스님의 가르침을 제자인 현각 스님이 엮은 책으로 선에 관한 일화와 일상의 비유를 통해 선불교의 정수에 접근하고 있다. 애초에 외국인을 대상으로 쓰인 책이라 어려운 한문이나 단어에 막히는 일 없이 생생하게 읽힌다.

달마도를 지니고 다니면 나쁜 기운을 차단할 수 있다고 하는데 사실인가요?

속설에는 달마도에서 나오는 기가 세서 다른 잡다한 기운을 눌러준다고 합니다. 달마는 부릅뜬 눈과 마구잡이로 뻗은 수염 등의 강렬한 인상으로 표현되기 때문에 이런 속설이 생긴 것 같습니다.

하지만 중국의 선종은 대승 불교가 절대자의 힘을 빌리는 타력 구제 신앙으로 변모하고 경전의 내용이 복잡해지자, 스스로 깨달음을 얻겠다는 불교 본래의 자기 구제 사상으로 되돌아가기 위해 중국에서 발전한 독특한 불교입니다. 그런데도 현실은 그러한 내력을 지니고 탄생한 선종의 시조가 되는 달마가 도리어 타력 구제의 대상으로 숭배되거나 이용되고 있습니다.

인도의 승려인 달마가 법을 전하기 위해 중국으로 건너온 이유는 중생에게 복을 주거나 액운을 막아주기 위해서가 아닙니다. 오로지 자신의 마음으로 깨닫고 스스로를 구제하면 부처나 보살에게 도움이나 기적을 구하는 것조차 필요 없다는 것을 전하기 위해 온 것이죠.

선사들은 이러한 달마의 뜻을 배우고 수행에 박차를 구하는 방법으로 달마도를 그렸습니다. 달마가 그려진 카드를 지갑에 지니거나 방에 그림을 걸어 놓고 달마에게 액을 막아 달라고 비는 것보다 달마도를 보면서 '신들 중에 가장 강력하고 무서운 힘을 지닌 신은 다름 아닌 인간의 정신'이라는 말을 상기해 보는 건 어떨까요? 액운과 나쁜 기운을 물리치는 것은 부적이나 그림이 아닌 이기적인 욕심과 욕망을 다스린 달마 대사와 같은 마음에서 솟아나는 맑은 정신의 힘입니다.

여덟 번째 이야기

108배, 수행인가 운동인가?

절의 의미는 기본적으로
누군가를 공경하고 받든다는 의미

아스피린이란 약이 있습니다. 어린 시절 감기 기운이 있어 열이 나고 머리가 아프면 어머니는 비상약을 모아 두었던 약상자에서 아스피린 한 알을 꺼내주셨습니다. 주로 물과 함께 삼켰지만 가끔 쌉싸래한 맛이 좋아 우둑우둑 씹어 먹거나 혀로 녹여 먹기도 했습니다. 아스피린 한 알을 먹은 뒤 이불을 두텁게 덮고 자면서 땀을 내면 열은 어느새 내렸고 몸은 개운해졌습니다. 그게 아스피린의 효능 때문인지 두꺼운 이불 때문인지 알 수 없지만 말입니다.

몇해 전, 부모님 집을 들렀을 땐 아스피린이 영양제나 식품보조제와 함께 식탁 위에 올려져 있었습니다. 큰 약병에 가득 담긴 아스피린이 의아해 어머니에게 물었습니다.

"아니, 이걸 왜 이렇게 많이 사신 거예요?"

"네 아버지가 혈압이 높잖니? 뇌졸중이나 심장질환을 막아준다더라. 너도 매일 한 알씩 챙겨 먹으렴. 건강에 좋단다."

아스피린은 세월이 지나면서 그 효능이 두통, 발열을 치료하는 것보다 뇌졸중이나 심장질환을 예방하는 것을 주목적으로 널리 쓰이고 있습니다. 심지어 암이나 백내장 같은 질병도 예방할 수 있다는 말들도 떠돌고 있어 사람들이 그 효과를 맹신해 오용하는 형편입니다. 그러나 의사의 처방 없이도 쉽게 약국에서 구할 수 있는 아스피린은 그저 좋기만 한 만병통치약이 아닙니다.

적절한 복용 시기나 양을 무시하고 오래 먹다 보면 귀에서 윙 소리가 들리는 이명 현상이나 구토를 하거나 신물이 올라오는 위장 장애가 일어나기도하고 출혈이 멈춰야 하는 경우에도 출혈이 지속되는 문제가 생겨 도리어 건강이 악화되는 상황에 놓일 수 있습니다.

최근 불교 신자가 아닌 일반인들에게까지 급속도로 번지는 '108배'나 '절' 열풍을 볼 때마다 저는 이상하게도 아스피린 생각이 납니다. 처음에는 소수의 불자들이 자신의 죄업을 참회하고 마음을 닦기 위한 방법으로 선택한 수행법이 이제는 살빼기나 스트레스를 날리는 생활 운동으로 인식되어 널리 퍼지게 되었습니다.

- 완벽한 전신 운동이자 심장, 혈압 등에도 무리가 없는 유산소 운동.
- 고혈압, 당뇨, 비만, 심장병, 지방간 등 모든 성인병의 예방, 치료,

관리에 가장 적절한 운동 요법.
- 현대인의 스트레스를 해소해 병의 근원을 차단하는 심신 수련 효과.
- 시간과 장소, 비용에 구애받지 않는 최고의 다이어트 효과.

책이나 방송에서 절의 효과를 예찬하고 설명하는 이야기를 듣고 있다 보면 이보다 더 좋은 운동은 세상에 없을 것만 같습니다. 이런 현상을 좋게 보자면 사찰에서 불교도들만 할 수 있었던 절이란 수행법이 종교의 틀을 벗어나 생활 운동의 형식으로 대중화된 것이고, 비판적으로 보자면 108배 본래의 의미를 잃고 아스피린 같은 만병통치약으로 이용되고 있는 것이 아닌지 걱정이 드는 것도 사실입니다.

108배는 악업을 참회하고 번뇌를 제거하기 위한 방법

불교에서 108배를 하는 이유는 자신이 지은 악업을 참회하고 번뇌를 제거하기 위한 방법입니다. 불교에서는 108번뇌라는 말을 자주 씁니다. 108이란 숫자를 산출하는 방법은 다양한데 그 중 일반적으로 사용되는 간단한 방법은 육근六根과 육진六塵을 기본으로 한 산출법입니다.

육근은 우리의 신체가 기본적으로 지니고 있는 감각 기관인 눈·

귀·코·혀·몸·뜻을 말하고, 육진은 육근의 각각의 대상이 되는 외부 세계의 색깔·소리·냄새·맛·감각·법(法 : 마음의 대상, 생각)을 말합니다. 육근이 육진을 만나면 – 눈으로 색깔을 보는 것, 귀로 소리를 듣는 것, 코로 냄새를 맡는 것, 혀로 맛을 보는 것 등의 여섯 가지 상황 – 사람들에게는 세 가지 인식이 생겨납니다. 좋다고 느끼는 것, 싫거나 나쁘다고 느끼는 것, 그리고 좋지도 나쁘지도 않고 그저 덤덤하게 느끼는 것입니다.

예를 들자면 코로 어떤 것의 냄새를 맡았더니 향기롭고 좋다, 코로 냄새를 맡았더니 역겹다, 코로 냄새를 맡았더니 좋지도 나쁘지도 않다 등으로 나타나게 됩니다.

따라서 육근과 육진이 만나는 상황에 좋고, 나쁘고, 아무렇지도 않다는 세 가지 인식을 각각 적용하면 6×3=18가지 경우의 수가 생깁니다. 이것은 다시 깨끗하고 더럽다는 두 가지 상황으로 나누어지니 18×2=36가지 번뇌가 생기게 됩니다. 36가지 번뇌에 전생(과거의 생), 현생(현재의 생), 내생(미래의 생)의 세 가지 세계를 곱하면 36×3=108이란 숫자가 생성되는 것이죠. 지금은 수천 억이니 몇 조니 하는 말들을 예사로 쓰고 있지만 옛사람들에게 100이 넘는 숫자는 매우 큰 숫자였기 때문에 108번뇌란 말은 인간이 가진 번뇌가 그만큼 많음을 표현하는 말이었습니다.

절의 의미는 기본적으로 누군가를 공경하고 받든다는 의미입니다. 다시 말하자면 자신의 미약함과 한계를 인정하고 스스로의 머리를 땅으로 낮추는 것이 절입니다. 남에게 지지 말라고 가르치는 세상의 룰과는 반대의 길을 걷는 것을 말합니다. 그러나 불행히도 다수의 불자나 일반인들은 자신의 이익과 복덕을 얻기 위한 방법으로 절을 하고 있는 실정입니다. 소원을 성취하기 위해 부처님에게 절을 하고, 건강과 마음의 평화를 위해 운동 삼아 절을 합니다. 몸은 한껏 낮추었지만 자신을 잘되게 하려는 욕심과 돋보이게 하려는 교만이 여전히 꼿꼿이 머리를 쳐들고 있습니다.

살을 에는 추위 속에서도 새해 소망을 간절하게 기원하며 절하는 불자들, 팔공산 갓바위.

그래서인지 숫자를 가지고 경쟁을 하기도 합니다. 어느 보살은 만 배를 100일간 매일매일 했다느니, 어느 거사는 3,000배를 몇 년간 했다느니 하는, 부러움과 자랑 섞인 말들이 절 안팎에서 심심찮게 들려옵니다.

절은 기록을 갱신하는 스포츠나 운동이 아니고 마음을 밝게 하고 세상을 이롭게 하는 수행이란 점을 간과했기에 나오는 말들입니다. 건강이나 스트레스 해소는 절의 부수적인 산물입니다. 고작 세 번만 절을 하더라도 몸과 더불어 마음까지 낮출 수만 있다면 그것은 108배나 3,000배보다 더 진실한 참회와 수행법으로 빛나는 가치를 지닙니다. 참된 절은 자신보다 남을 공경하고 아끼는 삶으로 연결될 수밖에 없습니다.

절의 진정한 의미가 어떤 것인가에 대해 되새기게 하는 사람들이 있습니다. 2003년 새만금에서 서울까지의 305km를 '새만금 개펄과 온 세상의 생명, 평화를 염원하는 삼보일배'를 했던 수경 스님과 문규현 신부님입니다. 수경 스님은 이로 인해 건강을 챙기기는커녕 실명 위기를 겪고 무릎 수술까지 받아야 했습니다. 그러나 두 분은 성치 않은 몸을 이끌고 2008년 9월 오체투지*로 먼 길을 떠나며 이런 말을 남겼습니다.

"세상에서 가장 낮은 자세로 이 땅의 품에 안기고자 합니다. 세상에서 가장 낮은 자세로 생명의 근원으로 돌아가고자 합니다. 온 숨을 땅에 바치고, 땅에서 베풀어주는 기운으로만 기어서 가고자 합니다. 그리하여 나의 '오체투지'가 온전히 생명과 평화의 노래가 되었으면 좋겠습니다. … (중략) … '오체투지'는 인간다움의 표상인 '직립'에 반하는 일입니다. 직립은 인간을 다른 동물과 구별 짓게 했고 인간들 스스로 '만물의 영장'이라고 부르게 했습니다. 하지만 인간은 '만물의 폭군'이기도 합니다. 인류의 역사가 그것을 증명합니다. 인간에게 가장 위협적인 생명체도 '인간'입니다. '인간은 만물의 영장'이라는 말 속에는 '지구상에서 가장 모순된 생명체'라는 의미도 숨겨져 있습니다. '생명의 질서'를 거스르

---

* 보통 오체투지(五體投地 : 신체의 다섯 부분을 바닥에 던진다는 뜻)라 말할 때는 이마와 양 손, 양 무릎만 바닥에 대는 절을 의미하지만 여기서는 온몸을 바닥에 붙이고 기어가며 하는 절의 방식을 말합니다.

는 유일한 생명체가 인간입니다. 그리하여 나는 인간의 걸음에 반하는 '오체투지'에서 '사람의 길'을 찾으려고 합니다." - 수경 스님

"다시 순례 길을 떠납니다. 다리 불편한 스님과 사제입니다. 이 둘이 오체투지, 온몸을 땅에 내리고 보듬으며 갑니다. 가늠도 안 되게 고되고 하염없이 느린 길을 기꺼이 갑니다. 허나 우리의 고행이 도리어 생명의 길, 희망의 길이 되길 바랍니다. … (중략) … "누구든지 내 뒤를 따라오려면, 자신을 버리고 날마다 제 십자가를 지고 나를 따라야 한다."(루카 9장 23절) 제 몸과 마음은 1976년 사제 서품을 받던 그 순간으로 돌아갑니다. 바닥에 온몸을 엎드리고 가장 겸손한 태도로, 모든 세속적 욕심을 버리고 오직 예수님처럼 이웃과 세상을 섬기겠노라 다짐하던 그 때입니다. 이제 사제 서품 32년을 훌쩍 넘어 황혼 길에 든 이 시간, 다시금 더 비우고 더 버리고 더 낮춥니다. 첫 마음에 저를 세웁니다." - 문규현 신부

불교에도 '산타클로스' 같은 존재가 있나요?

　근래 사찰 입구에 조각상으로 많이 세워지는 포대 화상이 산타클로스에 가까운 분입니다. 천진난만한 아이들을 특히 좋아했던 것이나 불룩 나온 배, 큼직한 선물 보따리, 금방이라도 껄껄껄 웃을 것만 같은 그의 인자한 표정 때문에 산타클로스와 자주 비견됩니다. 포대 화상은 중국 후량後粱시대의 승려로 살이 붙은 이중 턱과 축 늘어진 큰 배를 늘어뜨리고 다녔던 기인입니다. 사람들에게 물건이나 음식을 구걸해 지팡이에 꿰어 맨 큰 자루 속에 넣고 다녔다고 포대 화상으로 불렸습니다.
　포대 화상은 시주받은 물건과 음식을 가난한 사람들과 아픈 사람들을 찾아다니며 다시 나누어 줬다고 합니다. 그에게서 물건을 받은 이들은

아이들에게 둘러싸인 포대 화상. 서산 수덕사.

가난을 벗어나고 음식을 받은 이들은 배고픔과 병고에서 풀려났다는 일화를 가지고 있어 민간 신앙과 기복의 대상으로 자리 잡았습니다. 중국에서는 포대 화상을 미륵보살의 현신으로 생각해 신앙했습니다.

사찰에 세워진 포대 화상 상像은 소원을 비는 사람들이 포대 화상의 젖꼭지나 배를 문지르며 비는 바람에 손때가 묻어 그 부분만 시커멓게 반질거립니다. 윤기 없는 화강암을 반짝거리게 할 만큼 중생들의 소망과 바람이 많다는 거겠죠.

포대 화상의 배를 문지르며 복을 구하거나 소원을 비는 동안에도 포대 화상이 가난하고 소외된 사람들에게 베풀었던 자비와 나눔의 정신도 함께 새길 수 있으면 좋겠습니다.

아홉 번째 이야기

달라이 라마, 환생하는 사람들

달라이 라마는 관세음보살의 현신?

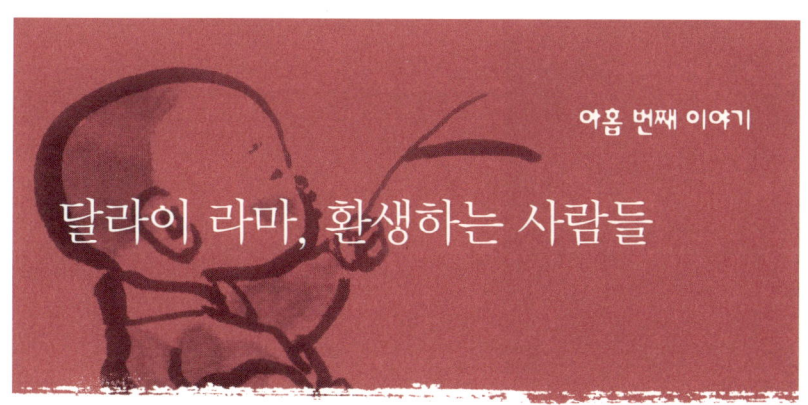

1989년 노벨 평화상 수상, 와인색 승복, 바짝 밀어 깎았지만 흰 머리카락이 군데군데 보이는 머리, 온화한 미소를 머금고 있다 갑자기 너털웃음을 터뜨리는 길쭉하고 큰 얼굴, 테의 윗부분만 눈썹처럼 까만 커다란 금테안경을 쓴 채 전 세계를 돌며 평화와 공존에 대한 법문을 펼치는 티베트 승려가 있습니다. 누구일까요? 여러분이 잘 아시듯 '달라이 라마'입니다.

그런데 달라이 라마는 이 승려의 본래 이름이 아닙니다. 달라이Dalai는 바다라는 뜻이고 라마Lama는 스승이란 뜻이니, 바다처럼 깊고 고매한 인격과 성품을 가진 스승을 뜻하는 동시에 티베트 불교와 정치의 가장 으뜸 가는 지도자를 나타내는 말입니다.

우리가 알고 있는 달라이 라마의 속명은 라모 돈둡(Lahmo Dhondup)이

텐진 가쵸.

고 법명이 텐진 가쵸(Tenzin Gyatso 1935~)로 티베트의 14대 달라이 라마입니다.

티베트인들은 달라이 라마가 관세음보살의 현신*이라 생각해서 만일 그가 늙어 죽는다 해도 끊임없이 환생한다고 믿습니다. 그래서 달라이 라마가 입적하면 그 영혼이 깃든 새로운 달라이 라마를 찾아 나서게 됩니다.

새롭게 태어난 달라이 라마를 찾는 일은 티베트 불교의 2인자 자리에 있는 판첸 라마가 주도적으로 담당합니다. 판첸 라마**는 달라이 라마가 환생한 아이를 여러 시험을 거쳐 찾아내고, 그렇게 찾아낸 아이를 달라이 라마라는 이름에 걸맞게 교육시킬 임무를 가지고 있습니다. 티베트인들은 판첸 라마 역시 아미타불의 현신으로 믿고 있으며, 달라이 라마와 판첸 라마는 먼저 탄생한 사람이 스승이 되어 서로에게 법을 전수해주는 관계입니다. (108쪽 참조) 티베트 승려들이 달라이 라마를 찾는 과정은 키아누 리브스가 싯다르타로 분한 영화인 〈리틀 부다Little Buddha〉에 자세히 묘사되어 있습니다.

---

* 現身 : 화신. 부처나 보살이 인간의 몸으로 태어나는 것.
** Panchen Lama : 위대한 학자라는 뜻.

밀교 이야기

달라이 라마로 이 장을 시작한 이유는 밀교에 관한 이야기를 하기 위해서입니다. 현재 티베트나 네팔 등에서 믿고 있는 불교는 선종과 경전을 중심으로 한 동아시아 불교와 달리 밀교 중심의 불교입니다. 밀교密敎는 대승 불교의 후기에 나타난 불교의 양상입니다. 대승 불교가 부파 불교(상좌부 불교, 소승 불교)의 난해한 이론과 출가 수도자의 엘리트주의 불교에 반발해서 일어났지만 중기로 접어들면서 그 사상이 발전하다 보니 유식 사상과 여래장 사상 등의 복잡한 이론들이 생겨나게 되었습니다. 대승 불교는 도리어 초기에 자신들이 비판해마지 않았던 복잡하고 난해한 부파 불교의 모습을 닮아가게 되었습니다. 대승 불교 초기의 순수성을 잃고 일반 대중과 더욱 멀어지는 현상이 초래된 것입니다.

이에 다시 사람들은 어려운 경전이나 해석에 의지하지 않고서도 간단하게 부처의 가르침을 실천하고 따를 수 있는 신앙 형태를 모색하게 되었습니다. 그런 상황에서 일반적인 말과 평범한 문자를 통하지 않고 비밀스러운 주술을 통해 깨달음을 얻을 수 있다고 생각하는 밀교密敎가 성립하게 되는데 이는 몇 가지 특징을 가지게 됩니다.

첫째로 '진언(주문)'이나 '다라니(dharani: 정신을 집중하여 지녀야 할 문자)'를 독송하는 것입니다. 진언은 산스크리트어인 만트라mantra를 번역한 말로 진실하고 청정한 말이란 뜻입니다. 진언은 부처와 우주의 비밀스런 뜻을 담고 있는 신성한 문자라 하여 밀교에서는 진언을 쓰거나 읊는 것만으로도 부처의 깨달음에 도달할 수 있다고 믿습니다. 주문이나 진언을 외우는 수행법은 비단 티베트나 네팔뿐 아니라, 한국, 중국, 일본에도 널리 퍼져 있습니다. 대승 경전에 포함된 방대한 양의 밀교 관련 경전들이 인도에서 중국을 넘어와 각지로 널리 퍼지다 보니 이런 공통된 수행법이 생기게 된 것입니다.

한국의 승려들이나 불자들이 흔히 외우는 '관세음보살 본심미묘 육자 대명왕 진언'은 한국에서는 '옴 마니 반메 훔'이라 읽지만, 티베트에서는 산스크리트 발음에 가깝게 '옴 마니 파드메 훔Om mani padme hum'이라 읽습니다. 그런데 중국과 일본, 우리나라는 진언의 뜻을 해석하지 않는 것을 원칙으로 삼습니다. 그 이유는 중국 당나라의 승려 현장(玄奘, 602~664)이 인도의 경전을 한문으로 옮기는 과정에서 세운 오종불번의 원칙(66쪽 참조)을 고수해 성스러운 진언 역시 해석을 할 수도 없을 뿐더러, 풀이하게 되면 그 신성한 기운이 소멸한다는 믿음을 가지고 있기 때문입니다.

그러나 참선을 본체로 한다는 한국의 불교가 주문과 진언에 가치를 과도하게 부여하면서 부처님의 뜻에 다가가는 방편이란 의미보다는, 기복적이고 효과 좋은 주술 정도의 의미로 진언이 통용되고 있는 현실은 생각해 봐야 할 문제입니다.

우리나라에 밀교가 언제 들어와 자리 잡게 되었는지를 보여주는 기록이 있습니다. 『삼국유사』〈신주〉편의 '밀본최사' 조를 보면, 이름에서부터 밀교의 승려임을 드러내는 '밀본密本 법사'가 등장해 술법으로 늙은 여우를 무찌르고 선덕여왕의 병을 낫게 하는가 하면, 승상 김양도에게 들린 독한 귀신들을 하늘의 신장들을 불러 퇴치하고, 다른 승려와의 술법 경쟁에서 승리하는 장면이 판타지 영화처럼 흥미진진하게 기술되어 있습니다. 이는 신라가 이미 600년대에 밀교를 받아들였고 밀교는 왕실과 권력층의 비호 아래 강력한 힘을 발휘했다는 것을 말해줍니다.

두 번째 밀교의 특징으로는 깨달음과 진리를 상징하는 '만다라曼多羅, mandala'를 만들

범어로 쓴 다라니.

거나 그려서 숭배한다는 점을 들 수 있습니다. 만다라는 원래 부처와 보살이 모인 신성한 단을 의미하는데 흔히 마법 영화에서 보듯 악마가 침범하지 못하게 동그랗게 그려 놓은 결계나 동그랗고 네모진 틀에 범어를 복잡하게 채워 놓은 그림 등도 만다라의 일종이라고 볼 수 있습니다.

『삼국유사』의 〈기이〉 '문무왕 법민' 조를 보면, 당나라 군사가 쳐들어와 문무왕이 밀교 승려인 명랑 법사에게 급히 구원을 요청하는 장면이 나오는데, 이에 명랑 법사는 채색 비단으로 사방을 둘러치고 풀을 엮어 동, 서, 남, 북, 중앙에 신상을 만들어 밀교 승려 12명과 함께 '문두루 비법'을 펼쳐 당나라 군대의 배를 바다에 침몰시킵니다. '문두루

모래 만다라를 만드는 티베트 승려들.

비법'이란 바로 밀교의 특징인 만다라 모양의 단을 만들고 다라니를 암송하는 것이었습니다.

티베트에서는 복잡하고 다채로운 의미를 지닌 만다라 상을 만들어 예배를 하기도 하지만 몇 달간 색깔 모래를 조금씩 부으며 정성들여 완성한 아름다운 만다라 상을 가차 없이 뭉개어버림으로써 삶의 무상함과 덧없음을 깨닫게 하는 수행의 방법으로 삼기도 합니다.

한국에서는 티베트나 네팔 등에서 그려지거나 만들어지는 전형적인 만다라는 찾기 힘들지만, 일부 밀교 풍의 탱화나 단청의 문양 등을 통해 만다라를 구현해 왔습니다. 의상 대사의 화엄일승법계도華嚴一乘法界圖(161쪽 참조) 같은 그림도 만다라가 반영된 것이라 할 수 있습니다.

세 번째 특징은 인계印契, mudra입니다. 인계는 표시나 상징을 뜻하는데 불상을 통해 쉽게 확인할 수 있습니다. 부처마다 각자의 깨달음의 내용과 정체성을 드러내는 수인(손가락을 여러 모양으로 만들어 인을 맺는 것)이나 보살 등이 들고 있는 연꽃이나 약합(약상자), 물병 같은 지물持物 등을 말합니다. 밀교는 인을 맺고 수행을 하게 됩니다. 수행자들이 부처님이 맺고 있는 수인을 따라하는 이유는 수인 자체가 수행을 원활하게 하고 강력하게 이끄는 영험함이 있다는 생각이 반영된 것이기도 하지만, 수

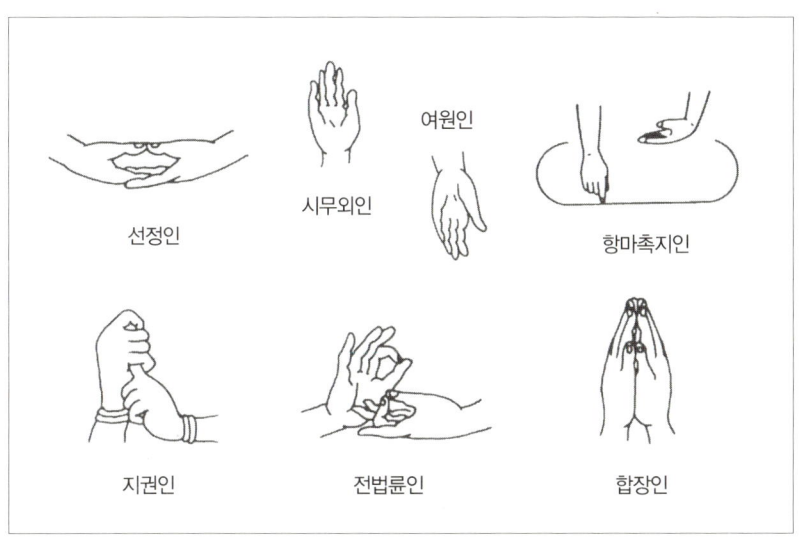

다양한 수인의 형태와 이름.

인을 맺는 순간 자신이 부처나 진리 자체가 되기를 바라는 의미라고 볼 수도 있습니다. 영화에서 동양의 마법사들이 기합 소리를 내면서 손가락으로 수인을 지은 후 강력한 힘을 행사하는 장면은 밀교와 관련이 있는 행동입니다. 이러한 인계를 연마한 수행을 통해 비밀스럽고 신묘한 경지로 들어설 수 있다고 생각하는 것이 밀교의 세 번째 특징입니다.

밀교는 태장계 만다라와 금강계 만다라 같이 세분되어 이루어진 복잡하고 정교한 이론 체계를 가지고 있었지만 주문을 입으로 외우거나 지니고 다니는 것만으로 그 영험이 있다고 믿는 대중성이 더 강조되었습니다. 의례의 간편함과 주술의 영험성이 퍼지면서 많은 대중들의 지지를 받았습니다. 그러나 인도에서는 밀교가 힌두교의 주술적 의례와 내용에 있어 차별이 없어지는 상황으로 치닫게 되었습니다. 결국 영혼의 성장과 깨달음을 이끌었던 불교는 아쉽게도 힌두교에 흡수되어 인도에서 자취를 감추고 말았습니다.

> 중국은 소수 민족의 흡수 통합이라는 지배 방식을 고수하면서 티베트 또한 오래 전부터 통치해 왔다는 역사적 사실을 부각시키며 티베트의 독립이나 자치권을 인정하지 않고 있습니다. 현재 티베트의 지도자인 달라이 라마는 인도로 망명해 다람살라에서 망명 정부를 꾸리고 있습니다. 2008년 북경 올림픽 성화 봉송 때 중국의 강압적인 티베트 통치를 반대하는 세계인들이 세계 각지에서 '프리 티베트Free Tibet'란 구호를 외치는 시위를 벌이기도 했습니다. 현재 달라이 라마가 지명한 판첸 라마는 중국의 감옥에 갇혀 있고, 중국 정부는 부모가 모두 공산당원인 새로운 판첸 라마를 내세운 상태입니다. 어용 지도자를 내세워 티베트의 독립 열기를 잠재우려고 하는 것이죠. 일제의 식민지를 겪으며 중국 상해에 임시 정부를 세웠던 아픈 역사를 가진 우리의 입장에서 보자면 티베트와 관련된 사태가 남의 일로만 여겨지지 않습니다.

스님들은 왜 회색 옷만 입나요?

　스님들이 회색 옷만 입는 건 아닙니다. 흔히 한국의 스님들이 입는 회색 옷은 장삼長衫이라고 불리고, 장삼 위에 걸치는 짙은 갈색이나 붉은색 천은 가사袈裟라고 하죠. 이를 합쳐 승복僧服이라 합니다.
　원래 인도의 승려들은 더운 아열대 기후로 인해 가사만 몸에 둘렀습니다. 그러나 불교가 중국과 한국으로 전파되면서 추운 날씨에 적응하기 위해 길이가 길고 품과 소매가 넓은 장삼이 생겨났습니다. 한국의 승려들은 예불이나 의식을 행할 때만 장삼과 가사를 두르고 평상시에는 간소화된 회색 저고리와 바지를 입습니다.
　승복의 탄생은 싯다르타가 성에서 나온 후 숲에서 사냥꾼을 만나 자신의 옷과 사냥꾼의 더럽고 해진 옷을 바꿔 입은 일로 거슬러 올라갑니다. 석가모니는 출가 수행승들의 옷은 햇빛이나 바람, 벌레 등을 막는 것으로 충분하다고 생각했습니다. 그래서 초기 교단의 승려들은 헝겊 누더기를 기워 입거나(납의) 쓰레기 더미를 뒤져 주워(분소의) 입었습니다. 그러나 교단이 커가면서 점차 승복은 재가 불자와 신도들의 보시에 의존하게 됩니다. 석가모니는 승려들에게 보시 받은 옷을 찢은 뒤 다시 꿰매서 입도록 했습니다. 이를 할절의割切衣라고 하는데

예불 의식을 진행하고 있는 승려.

좋은 옷을 입었을 때 생기는 욕망이나 옷의 도난을 막기 위해서였습니다. 그래서 승려들이 걸친 가사를 자세히 보면 통으로 된 천이 아니라 조각난 천으로 이어져 있음을 알 수 있습니다.

가사는 7조각부터 25조각까지 6단계로 나누어지는데 조각이 많이 난 가사를 걸칠수록 높은 지위의 승려임을 나타냅니다. 승복의 색깔은 이미 가사袈裟라는 말 속에 지정되어 있습니다. 가사는 산스크리트어인 '카사야kasaya'의 음차로 '어둡고 칙칙한 색'을 뜻했습니다. 그래서 중국이나 우리나라 승려들은 검회색으로 물들인 장삼을 입었고, 밝은 회색에 가까운 장삼을 입는 지금에도 그 언어의 습관은 살아 남아 승복을 지칭할 때 '먹물 옷'이나 '치의(緇衣 : 검은 옷)'라 부르기도 합니다.

현재 승려들이 입는 회색 장삼은 빛을 흡수하는 검은색과 빛을 반사하는 흰색의 양극단을 모두 거부한다는 상징을 지닌 색으로 붓다가 설한 중도의 의미도 담고 있습니다.

문제는 장삼 위에 걸치는 가사인데 조계종 승려들은 갈색 가사를 걸치고 있고, 태고종은 붉은색 가사를 걸칩니다. 조계종은 붉은색 가사가 왜색 불교의 영향이라 하여 송광사 국사전에 모셔진 보조 국사 지눌의 영정을 기본으로 지금의 갈색 가사를 만들었습니다.

하지만 태고종 측에서는 티베트와 동남아 불교의 승려들이 각자의 문화에 따라 노랗고 빨간 원색 가사를 걸치는 예를 들며 문헌의 기록들을 인용해 붉은색이야말로 한국 가사의 전통적인 색깔이라고 주장하고 있습니다.

무엇이 옳고 그르냐는 가사의 색깔 논쟁 이전에 태고종이나 조계종 승려들이 공통적으로 입고 있는 장삼의 회색 빛깔을 주목해야 합니다. 회색은 모든 색깔이 균등하게 합쳐지고 섞여 하나로 녹아들었을 때 나오는 색깔이라는 것을 잊어선 안될 것입니다.

팜므 파탈, 그대의 이름은 여자

열 번째 이야기

**초기 원시 불교에서
여성의 지위가 어떠했을까?**

헐리웃 영화를 보면 남자 주인공을 파멸로 이끄는 섹시한 여자들이 자주 등장합니다. 하나같이 금발에다 몸에 딱 달라붙는 붉은색 드레스를 입고 쭉 뻗은 각선미를 뽐내며 남자 주인공을 유혹합니다. 그들은 주로 암흑가 보스의 정부情婦이거나 치명적인 비밀을 간직한 여인일 경우가 많죠. 이런 캐릭터를 '팜므 파탈'이라 부르는데, 팜므femme는 프랑스어로 여성, 파탈fatale은 치명적인 운명이나 피할 수 없는 숙명을 뜻하는 말입니다.

19세기 문학 작품에서 시작되어 미술·연극·영화 등의 다양한 장르에서 쓰이는 팜므 파탈이란 말은 남성을 죽음이나 고통 등의 치명적 상황으로 몰고 가는 악녀나 요부를 상징합니다.

종교에서도 팜므 파탈은 존재합니다. 기독교에서 아담에게 선악과를 따먹으라고 종용한 이브가 팜므 파탈의 시초라고 보는 견해도 있습니다. 불교에서는 석가의 제자인 아난의 준수한 외모를 사모하는 바람에 아난을 자신의 처소로 유혹한 마등가족 창녀가 등장합니다. 별 일은 일어나지 않았지만 아난은 이 일로 두고두고 교단 내에서 힐책을 받게 됩니다. 사찰 설화에서도 승려를 유혹해 파계를 시키려는 존재인 아리따운 처녀들이 빈번하게 등장합니다. 조선시대 10년 면벽수도로 살아 있는 부처로 추앙받던 지족 선사가 황진이의 유혹에 넘어가 파계했다는 이야기도 황진이의 치명적인 매력과 함께 팜므 파탈의 무서움을 드러내는 일화입니다.

팜므 파탈이 이토록 인류의 역사에 자주 등장하고 회자되는 이유는 팜므 파탈만큼 남성에게 면죄부를 주는 개념도 없기 때문입니다. 팜므 파탈이 남성을 파멸시킨다는 호들갑과는 달리 남성들은 팜므 파탈을 두려워하지 않습니다.

왜냐면 팜므 파탈이란 존재는 남성들이 원해서 만들어낸 개념이기 때문입니다. 섹시하고 도발적인 외모로 남성을 즐겁게 해주면서도 일의 실패나 도덕적인 비난을 온전히 떠넘길 수 있는 존재, 혹은 적어도 남성들 사이에서 공감이나 동정은 받을 수 있게 만들어주는 외부의 존재가 남자들에게 필요했던 거죠. 남성들의 사랑과 욕망의 대상이자, 여차하면 남성을 위한 희생양으로 삼아 쉽게 비난할 수 있는 이중적 운명을 부여한 존재가 바로 팜므 파탈입니다.

흔히 우스개로 '모든 사건의 배후에는 여자가 있다'고 말하는 것도 이런 정서가 깊이 스며든 것이라 할 수 있습니다. 상황을 정리해 보자면 팜므 파탈은 결국 어떤 치명적인 매력을 지닌 여성 개인에게 국한된 말이 아닌, 여성 일반에게 폭넓게 적용되는 말인 것입니다.

최근 전 세계적으로 큰 논란을 낳으며 성공한 『다빈치코드』란 소설이 있습니다. 작가는 숨겨지거나 잊혀진 몇 가지 자료를 통해 예수가 막달라 마리아라는 창녀와 결혼해 아이를 가졌다는 역사적 해석을 내림으로써 종교계의 큰 저항에 부딪히기도 했습니다. 하지만 『다빈치코드』에 담긴 중요한 메시지는 예수의 결혼 여부가 아니라, 기독교에서 무시당하거나 창녀 취급을 받았던 막달라 마리아 즉, 여성이란 존재의 중요성에 대한 새로운 부각이었습니다.

여성은 인류사를 통해 주인공의 자리에 서 본 적이 별로 없습니다. 인류 최초의 사회 형식으로 '원시 모계 사회설'이 있긴 해도 그것은 '모계'라는 말이 주는 이미지와 같이 여성이 아닌 '어머니'로서, '생산과 출산'의 상징으로서의 사회였습니다. 여성은 문명이 시작된 이래 최근까지도 늘 남성에게는 주체가 아닌 대상으로서의 이미지였고 그것은 주로 소유나 성에 관련한 이미지였습니다.

단적인 예가 인터넷에서 떠돌아다니는 '야동'입니다. 많은 남성들이 야동을 '소비'하고 있는 현실은 남성들이 원하는 여성에 관한 이미지를 여배우들이 충실하게 재현해주고 있기 때문이죠. 그것은 주체적인 존재로서 여성이 아닌, 성적 쾌락을 제공하는 이미지로 대상화된 여성일 뿐입니다. 이러한 경향을 나타내는 또 다른 예는 전국 방방곡곡마다 매년 치러지는 '특산물 아가씨 선발 대회'와 '미스코리아'나

'미스유니버스' 등의 각종 미인 대회입니다.

그 대회들이 내세우는 가치의 지향점이 무엇이든간에 그 속내용을 헤쳐 보면 여성의 성적 가치를 평가해서 활용하려는 것이란 본질을 감출 순 없습니다. 여성의 성품이나 재능은 항상 부차적인 문제였습니다. 여성이 성적인 이미지로 소비되고 성적인 대상으로 고정화된 것은 몇몇 예를 제외하고는 오래되고 끈질긴 인류의 역사였습니다.

남성들이 만든 '팜므 파탈'이란 여성의 이미지의 반대편에는 어머니가 있습니다. 여성이 악녀라면 어머니는 성녀의 위치를 차지합니다. 성모聖母 마리아는 그 이름이 나타내듯 성스러운 예수의 어머니라는 이유로 받들어지고, 막달라 마리아는 『다빈치코드』에 의하면 예수의 연인이었기에 배척되었습니다. 모성은 추앙되고 여성은 무시됩니다. 어머니는 날 낳은 사람이기에 존재 가치를 부여할 수 있어도, 저 빨간 드레스의 여인은 나의 욕망을 부채질하고 내 생활을 자꾸만 곤란하게 하는 이상한 무엇이었습니다. 그런데 여성과 어머니를 그렇게 간단하게 분리하는 것이 가능할까요? 간단하게 분리할 수 있다는 생각 자체가 여성이란 존재를 존재로 인정하지 않는 것에서 비롯된 것은 아닐까요?

불교에서도 여성은 '뜨거운 감자'입니다. 초기 원시 불교에서 여성의 지위가 어떠했는지는 아직 미스터리입니다. 팔리어로 된 원시 경전에서 여성에 관해 붓다가 직접적으로 언급을 한 내용이 없기 때문입니다. 다만 이론상으론 여성이 깨달은 자가 되는 것을 긍정하고 있다고 학자들은 생각합니다. 이와 다르게 석가의 생애를 기술한 문헌들에 의하면 석가모니는 여성들의 출가를 몇 번이나 거절했다고 합니다. 여성들이 출가 수행자의 자격을 얻을 수 있었던 것은 석가모니가 성도하고 20년 후라고 하는데 이것이 진실인지, 후대의 기록자들이 자신의 여성관을 투영시킨 것인지는 확실치 않습니다.

경전과 율장에 석가모니는 여성들을 받아들이는 전제로 '팔경법'을 만들었다고 기록되어 있습니다. 팔경법은 비구니(여자 승려)가 비구(남자 승려)를 공경하는 예법으로서 "비록 100세의 비구니일지라도 처음으로 계를 받은 어린 비구를 보거든 마땅히 일어나서 절하라."라는 등의 여덟 가지 공경법을 말합니다. 그러나 학자들은 팔경법에 쓰인 용어가 석가모니 당시에 만들어진 용어로 보기 어렵다는 근거를 들어 후대의 비구들이 제정한 것이 아닐까 의심하고 있습니다.

그러나 중요한 것은 차별적인 팔경법이나 여성들이 늦게 받아들여졌다는 사실이 아니라 여성들도 남성들과 동등하게 구도의 주체인 출가자로 받아들여졌다는 사실에 있습니다. 이렇게 여성에 대한 태도가 엇갈리는 이유는, 불교의 교리상 여성은 당당한 주체로서 붓다가 될 수 있는 존재였지만, 여성을 남성과 동등한 위치로 끌어올리는 것에 호의적이지 않았던 당시 사회의 시대적 특성을 반영하고 있다고 할 수 있습니다.

원시 불교에서 부파 불교 시대에 접어들면서 이른바 오장삼종설五障三從說이 등장합니다. '오장五障'이란 여인의 몸으로 이룰 수 없는 다섯 가지 장애로 범천왕, 제석, 마왕, 전륜성왕, 부처가 될 수 없다는 뜻이고, '삼종三從'은 여자는 어려서는 부모를 따르고, 젊어서는 남편을 따르고, 늙어서는 아들을 따르는 것을 말합니다. 『불설초일명삼매경』에는 여자가 위에서 열거한 존재가 될 수 없는 장애의 이유를 적고 있는데, 요점은 여자의 성품이 천박하고 수행력이 모자라기 때문이라는 것입니다. 그러나 여성이 가진 다섯 가지 장애의 가장 본질적인 근거는 어처구니없게도 여자가 남성의 성기를 가지고 있지 않다는 것이었습니다.

사람들은 부처님이 전생의 오랜 수행의 결과로 일반인들과 다른 신체적 특성을 구비하고 있다고 생각했습니다. 이는 32길상 80종호로 나타납니다.(254쪽 참조) 32길상 중 '음마장상陰馬藏相'이란 항목이 있습니다. 부처님의 성기가 말처럼 가려져 있다는 뜻인데 여성은 남근이 없으므로 32상을 다 갖추지 못해 성불을 할 수 없다고 주장했습니다. 남녀는 신체 구조가 다르다는 것을 인정하는 대신 여성은 신체적인 결함을 지닌 존재라고 인식했고, 결국 여성은 깨달음을 이룰 수 없는 존재라는 결론에 도달했던 것입니다.

이에 따라 부파 불교 시대에는 여성 불성불론女性不成佛論이 널리 퍼지게 되었습니다. 부파 불교는 엘리트 수행승들의 불교로 폐쇄화, 보수화되면서 대중과 여성에 대한 인식이 원시 불교보다 후퇴했다고 볼 수 있습니다. 그런데 오장삼종설은 부파 불교 시대로 끝나지 않고 후대의 대승 불교와 현재의 한국 불교의 여성관에까지 그 영향을 미치고 있다는 점에서 심각한 문제의 출발점이었습니다.

여성이 완전해지지 않으면 남성 또한 완전해질 수 없다

부파 불교가 드러내 놓고 여성을 비하했던 것과는 달리 대승 불교에서 여성은 슬며시 자취를 감춥니다. 대승 불교의 공空 사상이 성별을 무화시켰기 때문입니다. 이로 인해 남성과 여성의 이분법적인 구별 대신 중성적 존재들이 등장합니다. 그것은 바로 대승 불교의 키워드라고 할 수 있는 '보살'의 이미지입니다(다섯 번째 이야기 참조).

보살이란 개념은 위로는 깨달음을 구하고 아래로는 중생을 교화한다는 뜻을 지니고 있음은 이미 말씀드렸습니다. 따라서 보살은 특정한 성별이 있을 수 없습니다. 그러나 보살의 중성성은 깨달음과 교화에 그대로 적용되는 것이 아니었습니다. 보살이 깨달음을 구할 때는 대체로 남성적인 이미지가 두드러지고, 중생을 교화하고 보살필 때는 여성의 이미지, 더 정확히 말하자면 모성의 이미지를 풍기게 됩니다.

대승 경전에 기술된 여성의 지위는 세 가지로 대변됩니다. 하나는 소승 불교의 여성 불성불론을 그대로 답습하는 경전, 다음은 소승 불교의 이론을 조금 변화시켜 여성은 다음 생에 남성의 몸을 받아서 수행을 하면 부처가 될 수 있다는 변성 성불론變成成佛論, 마지막으론 여성의 몸 그대로 부처가 될 수 있다는 여성 성불론女性成佛論입니다. 『법화경』을 비롯한 대다수의 대승 경전은 변성 성불론을 채택하고 있는데 이는 여성 불성불론보다 나아간 개념이긴 하지만 여전히 여성을 남성에 비해 불완전한 존재라고 생각하고 있다는 점에서 크게 달라진 것이 없습니다. 여성 성불론을 인정하는 대승 경전으론 『금강경』, 『승만경』, 『유마경』 등이 있습니다. 그러나 이것으로 불교는 깨달음에 있어 여성과 남성의 평등을 지향하는 종교로 손색이 없어지고 불교에서 여성이란 존재의 복권과 귀환이 완벽하게 이루어진 것일까요?

선불교의 일화들이나 『삼국유사』를 보면 많은 여성들이 등장합니다. 그들은 하찮은 떡장수 할머니나 승려를 희롱하거나 유혹하는 젊은 여인의 모습으로 등장합니다. 그러나 대부분은 보살이 여성의 몸으로 화해 나타난 모습이기에 본질적으로 여성이라 보기 어렵습니다. 문제는 보살이 여성의 몸으로 와서 넌지시 승려에게 깨달음을 전해주거나 유혹을 하는 방식으로 수행승을 시험한다는 점입니다. 다시 말해 여성은 깨달음을 향해 적극적으로 자기 자신을 이끌고 수련하는 주체가 아닌 남자나 수행승이 깨달음을 이루기 위해 마지막으로 넘어야 할 관문이나 수단의 이미지로 축소되고 있다는 것입니다. 마치 석가모니가 마왕의 아리따운 세 딸의 유혹을 물리치고서야 붓다로서 성도했다는 설화처럼 말입니다. <mark>여전히 여성은 자신의 존재감을 스스로 입증하지 못하고, 남성을 생물학적으로 출산하거나 깨달음의 세계로 이끄는 관문의 역할을 해야 비로소 남성들에 의해 겨우 존재 가치를 부여받는 상황에 놓여 있는 것입니다.</mark>

아직도 경전과 시대의 맥락을 제대로 읽지 못하는 승려나 불자들은 여성의 몸이 장애가 많아 수행에 부적합하다거나 여성은 성불할 수 없다는 사실을 고스란히 받아들입니다. 부파 불교의 이론과 대승 경전 중 말하는 자의 입맛에 맞는 일부의 내용을 발췌해 부처님의 직접적인 교설인양 퍼진 말들을 그대로 받아들이는 순간, 여성 불자들은 자신을 한계 짓고 역할을 고정시키게 됩니다. 이렇게 한계를 인식한 여성 불자들은 스스로 깨달음을 얻으려는 의지보다 보살이나 부처에게 의지하는 타력 신앙과 기복 신앙에 더 몰두하게 됩니다.

절을 찾아 기도하고 발원하는 여성의 수가 남성에 비해 압도적으로 많은 상황에서 여성 불자들의 이런 행태는 한국 불교가 타력 신앙과 기복 신앙의 틀에서 벗어나지 못하게 하는 큰 요인으로 작용하고 있습니다.

남성의 보조자나 불완전한 존재로서의 여성이 아닌 스스로를 표현하고 독립적으로 수행할 수 있는 여성상은 언제쯤 정립이 가능해질까요? 여성의 문제는 여성만의 문제가 아닌 남녀 모두를 포함한 문제입니다. 불교의 연기법에 의하면 여성이 완전해지지 않으면 남성 또한 완전해질 수 없기 때문입니다.

부처님 오신 날에 왜 절에선 등을 다나요?

석가모니 당시 마가다국에 난타라는 여인이 살고 있었습니다. 난타는 매우 가난해 이 집 저 집의 허드렛일을 도와주며 간신히 입에 풀칠을 하는 지경이었습니다. 어느 날 왕이 석가모니를 위해 수천 개의 등을 밝힌다는 말을 들은 난타는 자신도 부처님에게 등을 공양하기 위해 부끄러움을 무릅쓰고 길가에 앉아 동전을 구걸했습니다.

구걸로 얻은 동전 두 닢으로 난타는 기름을 사서 등잔불을 밝히고 정성을 다해 발원했습니다.

'작고 빈약한 등불일지언정 부처님께 공양한 복덕으로 인해 이 등불이 세상 모든 중생들의 마음을 비추는 찬란한 빛이 되게 하소서.'

그리고 다시 절하며 발원하기를 '만약 다음 생에 태어나 깨달음을 얻을 수 있다면 밤새 이 불은 꺼지지 않으리라.' 하고 자리를 떠났습니다.

그날 밤 거센 바람이 휘몰아쳐 왕과 귀족들이 공양한 크고 화려한 등불은 모두 꺼져버렸지만 난타가 공양한 초라한 등불만은 더욱 밝게 타올랐습니다. 이를 이상하게 생각한 목련존자가 신통력으로 그 불을 끄려고 했지만 불은 꺼지지 않았습니다. 그러자 뒤에서 이 모습을 보고 있던 석가모니가 목련존자에게 말했습니다.

"그만 두어라. 가난한 여인이 자신의 모든 것을 바쳐 청정한 발원과 함께 밝힌 그 등불은 결코 꺼지지 않을 것이다. 그 여인은 다음 생에 중생을 제도하는 부처가 될 것이다."

'빈녀일등(가난한 여인의 등 하나)'으로 유명한 이 일화는 『현우경』의 〈빈녀난타품〉에 나오는 이야깁니다. 이와 같이 등은 불교에서 진리를 밝히는 상징으로 사용됩니다. 등불을 켠다는 것은 마음 속 컴컴하게 자리한 어

부처님 오신 날을 맞아 밤을 화려하게 수 놓은 연등. 서울 도선사.

리석음을 몰아내고 깨달음으로 다가서는 것을 의미하죠. 석가 탄신일에 연등을 다는 것은 석가모니의 가르침을 충실하게 따라 중생들에게 이익을 줄 수 있는 깨달음을 얻겠다는 의지의 표현입니다.

'빈녀일등'의 일화가 우리에게 알려주는 것은 돈이나 사욕으로 밝힌 등불이 아무리 크고 화려할지라도 한 차례 바람이 지나가면 쉬이 꺼지고 말 허망한 불꽃이라는 사실입니다. 등은 마음의 불을 밝히기 위해, 어두운 곳에서 고통 받는 중생들을 위해 공양해야 한다는 '빈녀일등'의 가르침을 망각하지 말아야겠습니다.

열한 번째 이야기
어머니를 찾아 지옥으로 간 남자

**붓다의 제자 중에 초능력을
자유자재로 쓴 사람이 있다**

 실험실 견학을 갔다가 유전자를 조작한 슈퍼거미에게 물려 초능력을 가지게 된 청년이 있습니다. 청년은 맨 손으로 벽을 기어오르고 거미줄에 매달려 빌딩과 빌딩 사이를 휘저으며 사람들을 구하고 악당에 맞서 싸웁니다. 바로 초인이자 영웅인 '스파이더맨'입니다.

 하지만 몸에 착 달라붙는 근사한 쫄쫄이 안에는 삼촌을 죽음에 이르게 했다는 죄책감에 시달리고, 아르바이트 자리에서 쫓겨나 집세 독촉에 허덕이고, 사람들을 구하느라 수업에 빠져 성적은 떨어지고, 가장 친한 친구와 사랑하는 여인에게까지 자신의 정체를 드러낼 수 없는 외롭고 쓸쓸한 '피터 파커'라는 알몸의 청년이 숨어 있습니다.

스파이더맨뿐 아니라 배트맨과 슈퍼맨도 사정이 별반 다르지 않습니다. 어린 시절 악당에게 목숨을 잃는 부모를 지켜봐야 했던 배트맨이나 자신이 살던 별이 파괴되어 부모가 죽고 지구에서 양부모 손에 키워진 슈퍼맨의 내력은 그들을 멋진 영웅이라기보단 위로받아야 할 섬약한 존재로 보이게 합니다.

그럼에도 사람들은 그들이 가진 초능력이나 장비를 이용한 초인적인 힘을 좋아합니다. 한여름 꽉 막힌 도로 위에서 에어컨이 고장난 버스가 거북이처럼 움직이거나, 꼼짝없이 앞 사람의 머리 냄새를 맡고 있어야 할 만큼 복잡한 지하철을 탈 때마다 사람들은 생각합니다.

'슈웅 날아서 단박에 목적지에 도착하는 능력이 있다면 얼마나 좋을까?'

이런 실용적인 이유가 아니더라도 이성 앞에서 멋있게 보이고 싶다거나 약한 사람들을 도와주기 위해서라도 초능력이 있으면 좋겠다고 상상하는 사람이 많습니다.

석가모니의 제자 중에 이처럼 뛰어난 능력을 자유자재로 쓴 사람이 있습니다. 석가모니의 10대 제자 중 신통제일로 불렸던 목련존자(목건련)입니다. 그는 하늘을 날고 몸을 자유자재로 변화시킬 수 있었던 신족통, 먼 곳을 보거나 중생이 죽은 뒤 가는 곳을 알 수 있는 천안통, 먼 곳의 소리를 듣거나 다른 세상의 소리를 들을 수 있는 천이통, 사람의 속마음을 낱낱이 꿰뚫어 보는 타심통, 사람들의 과거 행적이나 전생을 볼 수 있는 숙명통, 마음의 번뇌를 모두 소멸시켜 진정한 평화와 깨달음에 들게 하는 누진통 등의 여섯 가지 신통을 지니고 있었습니다. 그

중 『증일아함경』에 기록된 목련의 일화는 흥미롭습니다.

석가모니를 모시고 도리천으로 비행하던 목련이 우연히 '난타'와 '우반난타'라는 흉포한 두 용이 살고 있는 상공을 지나게 되었는데, 용왕들은 석가모니 일행이 자신의 영역에 들어온 것을 괘씸하게 여겨 그들을 '대머리 사문'이라 부르며 하늘에 큰 불을 일으켜 길을 방해했습니다. 한 제자가 이를 막아 보려 하지만 실패하고 다른 제자들이 나서려 할 때 석가모니는 그들의 신통력이 용왕들의 힘에 미치지 못한다는 것을 알고 허락하지 않습니다.

결국 남아 있던 신통제일 목련이 석가모니의 허락을 받고 몸을 변화시켜 용들의 뱃속으로 들어가 괴롭게 만든 다음 두 용왕보다 더 큰 용으로 변신해 두 용의 몸을 칭칭 감아버립니다. 이에 용왕들은 항복하게 되고 오계를 받은 뒤 불교에 귀의하게 됩니다.

목련 설화

그러나 동북 아시아에서 목련존자를 대표하는 이야기는 따로 있습니다. 바로 목련존자의 개인적인 아픔에서 시작되는 이야기로, 흔히 '목련변문木蓮變文'이나 '목련 설화'로 불리는 이야기입니다. 목련변문의 뼈대가 되는 것은 목련존자가 지옥에 떨어진 어머니를 구할 방법을 묻자 석가모니가 그에 답하는 형식으로 된 『불설우란분경』입니다. 『불설우란분경』이 중국으로 넘어오자 사람들은 살을 붙이고 혈관을 이어서 한 편의 대서사시 같은 활극으로 바꾸어 버렸습니다. 『불설우란분경』은 출가한 목련존자가 세상을 살펴보다 자신의 어미가 죽어 '아귀'가 된 것을 발견하면서부터 시작하지만, 중국에서 성립된 『정토우란분경』 같은 경이나 이야기들은 목련존자의 출가 전의 시절이나 오백 겁 전에 한 바라문의 집안에서 태어난 시절까지 거슬러 올라갑니다. 목련 설화는 이야기와 연극을 통해 첨삭되며 중국에서 1,000년을 넘게 이어오다 현대에 이르러선 수 차례 영화로 만들어지기도 했습니다. 어릴 적 '부처님 오신 날'이면 어김없이 텔레비전으로 방영되던 〈목련존자〉라는 영화를 보며 손에 땀을 쥐었던 기억이 납니다. 소림사에서 무술을 연마하는 승려처럼 분장하고 나왔던 목련존자를 떠올리면 웃음이 나지만, 그 스토리는 지금 생각해도 흥미진진하고 박진감이 넘치는 내용이었습니다.

중국에서 발전한 '목련 구모 설화(목련이 어머니를 구한 이야기)'의 얼개는 다음과 같습니다. 목련존자는 출가 전 나복이라고 불렸는데 아버지가 일찍 죽어 홀어머니를 모시고 살았습니다. 나복은 심성이 착해 선정을 닦거나 주변 사람들을 도와 재물을 나누어주기를 좋아했지만, 어머니를 봉양하기 위해 출가를 하지 않았습니다. 그러나 나복의 어머니 청제 부인은 마음이 어질지 못하고 욕심이 많은 사람이었습니다. 나복은 장사를 위해 먼 길을 떠날 때마다 어머니에게 불쌍한 사람이 오거나 승려가 오면 잘 대접하고, 육식은 금하고 부처님께 기도하고 지내라는 부탁을 남깁니다. 그러나 그의 어머니는 아들의 말을 따르지 않고 아들이 떠나자마자 날마다 가축을 잡아 배불리 먹고 불쌍한 사람과 승려를 박대하고 불단에 참배하지 않는 등 방탕한 시간을 보냈습니다. 나복이 집에 돌아와 어떻게 지내셨냐고 물으면 어미는 그 동안 불도를 닦고 선하게 살았다고 번번히 거짓말을 했습니다.

그렇게 세월이 지나 청제 부인은 죽고 나복은 석가모니를 스승으로 삼아 출가를 하게 됩니다. 나복은 목련이란 법명을 받아 열심히 수행한 공덕으로 육신통을 모두 얻게 됩니다. 목련은 어느 날 자신의 신통으로 천상을 살펴보다 어머니가 없음을 알고 이상하게 여겨 그 이유를 석가모니에게 묻자, 석가모니는 그의 어미가 생전에 큰 죄를 지어 지옥에 있다고 말해줍니다. 이 말을 들은 목련존자는 어미를 찾아 확탕지옥, 검수지옥, 아귀지옥 등의 8대지옥을 하나하나 편력하지만 어머니를 만나지 못해 절망합니다.

실망하던 차에 목련은 그의 어미가 지옥 중에서도 가장 고통스러운 대아비지옥에 갇혀 있다는 말을 듣게 됩니다. 대아비지옥의 지옥문 앞으로 한걸음에 달려간 목련은 자신의 신통으로 지옥문을 열려고 시도하지만 문은 꿈쩍도 하지 않습니다. 목련은 석가모니에게 도움을 청하여, 석장과 가사, 발우를 받아 다시 지옥으로 돌아옵니다. 석가모니가 준 지물들로 지옥문을 깨고 어미와 상봉하게 되지만 어미의 죄가 너무 무거운 바람에 지옥에서 구출할 수 없음을 알게 되고 다시 석가모니를 찾아 그 방도를 듣게 됩니다. 목련은 석가모니가 알려준 대로 각종 공덕을 베풀어 어미를 한 단계씩 낮은 지옥으로 옮기게 하고 마지막으로 어미가 인간이 되기 전 단계인 검은 개로 태어나자 '우란분재'를 베풂으로써 어머니는 다시 인간의 몸을 받게 됩니다. 이렇게 인간이 된 어머니는 자신의 과거를 모두 참회하고 천상에 올라가 살게 되는 것으로 목련의 길고 긴 모험은 끝을 맺습니다.

'백중'과 불교의 '우란분절'

목련 구모 설화는 서사적 재미와 효를 강조하는 내용을 담고 있어 종교와 상관없이 널리 읽히는 불교 문학으로서의 역할을 해왔습니다. 이와 맞물려 우리나라 전통의 세시풍속 중 하나였던 '백중'과 불교의 '우란분절'이 조상에 대한 감사와 부모에 대한 효라는 공통 분모 안에서 음력 7월 15일로 겹쳐지는 것도 주목할 만한 현상입니다.

성현의 『용재총화』에는 "7월 15일은 세속에서는 백중이라 부른다. 불가에서는 백종百種의 꽃과 과일을 모아 놓고 우란분을 마련했다. 부녀자들이 사찰에 모여 들어 쌀과 곡식을 바치며 죽은 조상과 부모를 위해 재를 지냈다."라고 기술되어 있어 불교 의식과 세시 풍속이 자연스레 어우러져 축제나 명절의 역할을 해왔음을 알 수 있습니다. 백중날 사람들이 절에 모이면 스님은 단에 올라 청중들을 향해 『목련구모경』을 재미나게 풀어 분위기를 띄웠습니다.

'우란분절'이나 '우란분재'에서 쓰이는 '우란분盂蘭盆'이란 말은 범어 '울람바나ullambana'를 음역한 것으로 한문으로 번역하면 '도현倒

감로탱. 민중의 정서와 생활상을 담고 있는 한국 고유의 불화.

縣'이 되고, 도현은 거꾸로 매달렸다는 뜻으로 그릇이 완전히 뒤집어진 모습을 말합니다. 우란분재에서 사용하는 그릇에 담긴 감로수를 망자를 위해 남김없이 부었던 의식에서 우란분이란 이름이 비롯되었다고 보는 학자도 있습니다.

우란분재와 관련해서 빠뜨릴 수 없는 것이 16~20세기에 걸쳐 사찰 불화로 그려졌던 감로탱입니다. 감로탱은 민중의 정서가 담긴 민화 풍으로 그려진 한국 고유의 불화로 목련존자와도 관련이 있는 그림입니다. 감로탱은 『불설우란분경』의 소재를 빌려와 윤회의 굴레에서 고통받는 영혼이 부처의 가르침을 뜻하는 감로(단 이슬)를 받아 좋은 곳에 태어나길 기원하는 목적으로 제작되었습니다.

감로탱은 공양을 받는 상단의 불보살과 중단의 아귀, 하단의 무주고혼(정처없이 세상을 떠도는 영혼)들의 생전 모습을 묘사한 장면들로 나뉩니다. 화면의 중심인 중단에 주인공으로 자리 잡은 아귀는 시뻘건 불꽃을 발산하는 흉측한 괴물의 형상으로 그려지는데, 아귀餓鬼는 '굶주린 귀신'이란 뜻으로 배는 수미산만큼 큰데 목구멍은 바늘귀만 합니다. 게다가 조금씩 넘긴 음식조차도 모두 불꽃으로 변해 늘 배고픈 고통을 받아야 하는 존재입니다. 아귀는 목련존자의 어머니나 육도를 헤매는 고통스런 영혼을 상징합니다. 그래서 감로탱에는 아귀의 모습 위로 목련존자가 안타까이 지켜보는 모습이 그려지기도 합니다.

그러나 정작 재미있는 것은 비교적 도상학적 규칙에 얽매이지 않는 감로탱 하단의 그림입니다. 하단은 망자가 죽음에 이르게 된 원인이나 그 시대의 생활상을 상세하게 담고 있기 때문입니다. 예전에는 절벽에서 떨어지거나 물에 빠지거나 호랑이에게 물려 죽는 것을 묘사한 감로탱이 많았지만, 20세기에 그려진 감로탱에는 전봇대, 전차, 일본 순사가 등장하기도 합니다.

목련존자의 여정만큼 복잡했던 이 장은 다시 스파이더맨 이야기로 돌아가며 마무리해야겠습니다. 스파이더맨의 초능력은 그가 사랑하는 사람과 가까워지는 역할을 하지 못하고 도리어 멀어지게 하는 원인이 됩니다. 다른 초능력자들도 자신의 초능력으로 인해 사람들과 마음을 나누지 못하고 신분을 숨겨야 하는 처지에 있습니다. 우리가 그렇게 바라마지 않는 초능력으로 할 수 있는 일에 한계가 있다는 것은 목련존자의 일화에서도 분명하게 드러납니다.

목련존자의 어머니를 지옥에서 구한 것은 목련의 신통력이 아니라 그의 지극한 효성과 부처님의 가르침에 따르는 것이었습니다. 신통은 보기에 화려하지만 정작 해결할 수 있는 일은 별로 없습니다. 그래서 석가모니는 승려들이 신통에 혹하거나 무분별하게 사용하는 것을 금했습니다. 살면서 일어나는 문제의 해법은 비범한 능력이 아니라 마음과 정성이란 평범함 속에 깃들어 있다는 뜻일 겁니다.

절마다 불상 앞에 복전함이 놓여 있는데 복전이 뭐죠?

복전福田은 복을 수확하는 밭을 나타내는 말로, 주로 불, 보살, 승려들을 가리킵니다. 복 밭에 선근(착한 행동)을 심어 놓으면 복이라는 수확물을 얻을 수 있듯 불, 보살, 승려에게 공양하고 보시하는 공덕을 지으면 큰 복을 얻는다고 생각해왔습니다. 불상 앞에 놓인 복전함은 고맙게도 사찰 측에서 우리에게 복을 지을 수 있는 기회를 제공하는 상자죠. 그래서 사람들은 금당에 들어서면 호주머니를 뒤적거려 정성(돈)을 복전함에 넣습니다.

그런데 복 밭은 절에만 있는 것이 아닙니다. 석가모니의 가르침에 의하면 배고픈 짐승에게 먹을 것을 주거나, 남들이 하기 싫다고 피하는 일을 솔선수범하거나, 사람들이 다니는 빙판 길에 연탄재를 뿌려 두는 일상의 배려부터, 친구와 부모님에게 고운 말씨로 말하고, 화내지 않고 웃는 얼굴로 사람을 대하는 하나하나가 모두 복을 얻는 일이 됩니다. 그러니 가장 큰 복전함은 불상 앞에 놓인 구멍 뚫린 나무상자에 한정되는 것이 아니라 이 세상 전체입니다.

복전함.

자신의 이기적인 욕심을 버리고 타인과 세상을 이롭게 하는 말, 행동, 생각이 복을 불러오는 것입니다. 그러나 이렇게 크고 넓은 '세상'이란 복전을 버리고 꼭 불단 앞에 놓인 복전함의 좁은 구멍 속에 돈을 밀어 넣는 것으로 복을 쌓으시려는 분들이 의외로 많습니다. 그래서 현대 불교계의 탁월한 선사이자 고승으로 존경받는 성철 스님은 신도들이 돈을 들고 절에 찾아오면 그 돈으로 이웃과 불우한 사람을 도우라고 말했습니다. 세상은 넓고, 복 지을 일은 참 많습니다.

열두 번째 이야기

세기의 라이벌들

아름다운 라이벌, 그 이름은 도반

떠올리는 것만으로 화가 나서 주먹을 꼭 쥐게 되는 얼굴이 있습니다. 어처구니없는 일은 그는 내숭덩어리에 가식적이고 야비하기까지 한데도 사람들은 그것도 모르고 그를 좋은 사람이라 말합니다. 심지어 사사건건 그와 나를 비교하기도 합니다. 그가 사람들 앞에서 토해내던 위선적인 말들과 미소를 생각하면 밤이 깊도록 잠이 오지 않습니다. 그의 실체를 만천하에 공개해서 다시는 내 주변에 얼쩡거리지 못하도록 멀리 추방시키고 싶습니다. 그런데 그게 영 뜻대로 되지 않습니다. 찬물을 마셔 봐도 타는 속은 가라앉지 않습니다. 내일이면 또 그의 얼굴을 봐야 하기 때문입니다.

우리나라 역사에서 보자면 이순신에게 원균이 눈엣가시였고, 원균에겐 이순신이 그런 존재였습니다. 『난중일기』에서 이순신은 "오늘 낮에 원수사(원균)가 찾아와 술에 취한 척하며 행패를 부리고 갔다."라고 적어 자신의 답답한 속내를 드러내고 있습니다. 이런 기록만 보아도 우리는 원균보다는 이순신 장군의 편을 들게 되고, 원균은 이순신을 시기해서 만날 모략질만 일삼은 인물로 생각하기 쉽습니다. 그런데 원균도 할 말은 있습니다. 원균이 이순신을 미워하게 된 결정적 계기는 전투에서 함께 공을 세운 후 원균이 조정에 장계를 올리자고 말하자, 이순신은 장계가 급한 일이 아니라고 만류하고선 원균 몰래 단독으로 장계를 올렸기 때문이었습니다. 참으로 낯선 이야기지만 사실입니다. 이런 이야기가 널리 알려지지 않은 것은 역사란 선한 자의 기록이 아니라 살아 남은 자의 기록이기 때문입니다. 원균과 이순신 같은 관계는 불교의 긴 역사 속에서도 어른거립니다.

한편으론 서로를 분발하게 하고 발전시키는 라이벌도 있습니다. 그를 떠올리는 것만으로도 흐뭇한 미소가 입가에 어립니다. 기질과 입장은 달라도 마음 깊이 서로를 이해하기에 질투하고 시기하지 않습니다. 서로의 의견을 반박하고 비판하기도 하지만 서로가 미처 몰랐던 서로의 장점을 발견해주기도 합니다. 비록 자주 볼 수는 없지만 가끔 만나 이야기하는 것만으로 한 쪽으로 치우쳤던 생각이나 시각은 균형을 잡아갑니다. 그가 성숙하는 만큼 나도 성숙합니다. 그런 아름다운 라이벌을 우리는 도반(道伴 : 함께 깨달음의 길을 가는 벗)이라는 이름으로 부릅니다.

석가모니 VS 데바닷타

석가모니를 죽이려고 했던 데바닷타

아래의 지문을 읽고 각 행동과 그 행동을 한 것으로 짐작되는 사람을 〈보기〉에서 골라 적절하게 묶으시오.

그는 밥그릇에 담긴 고기 한 점을 손가락으로 들고는 한 치의 망설임도 없이 입에다 집어 넣었습니다. 그의 고른 이가 천천히 움직이자 고기는 육즙을 토해내며 잘게 다져져 그의 목구멍 속으로 넘어갔습니다. 고기를 삼킨 그는 이번엔 생선을 들고는 가시를 정성스레 발라내더니 살점만 모아 입으로 가져갔습니다. 그 때 그 모습을 묵묵히 지켜보던 한 사내가 외쳤습니다.

"당신은 진정한 수행자가 아니군! 수행자의 탈을 쓰고 어찌 고기와 생선을 아무렇지 않게 먹을 수 있단 말인가."

그 사내는 씩씩거리는 숨소리를 가누지 못하고 자리를 박차고 일어나 나가버렸습니다.

〈보기〉

1. 고기와 생선을 먹은 자	a. 불교의 교주 석가모니
2. 그것을 꾸짖고 나간 자	b. 불교계에서 오역 죄인으로 취급하는 데바닷타

답을 선택하셨나요? 제가 싫어하는 것이 단답형 퀴즈쇼와 이런 식의 문제이지만, 지루한 패턴에 변화를 주고자 한번 만들어 보았습니다.

바로 답을 알려드리지 않겠습니다. 어차피 점수를 매기려고 만든 문제도 아닐 뿐더러, 이 장을 찬찬히 읽다 보면 답은 물론 출제자의 얄팍한 의도까지 알게 될 테니까요.

데바닷타(Devadatta, ?~?)는 석가모니의 사촌이자, 석가모니를 평생 곁에서 모신 아난이란 제자의 친형입니다. 데바닷타는 석가모니와 같은 석가족 출신의 승려였고 한때 누구보다 수행을 열심히 한 사람이었습니다. 그런데 경전에 의하면 데바닷타가 혈육이자 스승인 석가모니를 죽이려는 시도를 네 번이나 했다고 합니다. 포악한 코끼리에게 술을 먹여 석가모니가 지나가는 길에 풀어 놓았고, 살인청부업자를 사서 붓다를 죽이라는 사주를 했고, 붓다를 압사시키려고 절벽에서 돌을 굴렸고, 독을 바른 손톱으로 붓다를 죽이려 하다 오히려 자신이 그 독에 죽었습니다. 그 때 지옥에서 올라온 불길이 데바닷타를 지옥의 불구덩이 속으로 끌고 갔다고 합니다.

무엇이 데바닷타를 석가모니의 추종자에서 배덕자로 변하게 했을까요? 그 이유는 경전에 따라 몇 가지로 추려집니다.
1. 출가는 했지만 흉악한 기질이 잠시 잠들어 있었을 뿐 데바닷타는 원래부터 악인이었고, 그 악행이 적절한 시기와 상황을 만나 터져 나온 것으로 부처님도 용서할 수 없는 죄인이었다.
2. 석가모니가 전생에 데바닷타에게 나쁜 짓을 많이 한 바람에 금생에 데바닷타가 그것을 갚기 위해서 붓다에게 나쁜 짓을 저지른 것으로 이는 업의 윤회다.

3. 데바닷타는 원래 성실한 수행자였으나 신통력과 권세를 쫓아 다니기를 좋아했고 그러다 보니 바른 마음을 잃어버리고 부처를 살해하려는 마음까지 품게 되었다.

첫 번째, 데바닷타가 원래 악인이고 석가모니도 용서하지 못할 죄인이라고 보는 것은 데바닷타가 비록 죽어서 지옥의 고통을 받더라도 나중에 깨달음을 이룰 것이란 수기를 내린 석가모니의 말과는 상충하는 구석이 있습니다.

두 번째, 업의 윤회라는 견해는 석가모니조차도 전생의 업에서 벗어나지 못했다고 알림으로써 사람들에게 선한 행동을 하라고 교화하는 효과는 있겠지만, 생사와 업보를 벗어난 붓다라는 개념에 비추어 적절하지 않은 해석이라 볼 수 있습니다.

세 번째 해석은 꽤 설득력을 지니고 있습니다. 데바닷타는 12년 동안 석가모니 아래에서 열심히 수행을 했지만 깨달음을 얻지 못하고 사리불과 목련이 석가모니의 계승자로서 자리매김하게 되자 자괴감을 느껴 그들을 비방하고 헐뜯는 데 정열을 바쳤습니다. 데바닷타는 신통 제일로 불렸던 목련처럼 하늘을 날거나 사라지는 술법을 얻기 위해 상당히 노력했으며 신통을 얻고 난 뒤 그것을 이용해 수많은 지지자를 모았습니다. 자신을 따르는 제자들이 늘자 교만해진 데바닷타는 자신이 석가모니보다 못한 것이 없다고 생각하여 석가모니와 같은 지위를 가지길 바랐습니다. 데바닷타는 신통력으로 마갈타국의 아자세 태자를 꼬드겨 그가 아버지를 죽이고 왕위를 찬탈하도록 도와줌으로써 아

자세 태자의 전폭적인 지원과 호의를 얻게 되었습니다. 이에 힘을 얻은 데바닷타는 교세를 더욱 확장시켜 그를 토대로 석가모니에게 교단의 통치권을 자신에게 넘기라고 위협하기도 했습니다.

과격한 원칙주의자, 데바닷타

하지만 대부분의 경전은 데바닷타를 악인으로 묘사하느라 바빠 생략한 사항이 있습니다. 『중허마하제경』이나 『수행본기경』 등의 경전에 의하면 데바닷타는 붓다가 출가하기 전부터 재능과 힘에서 그와 라이벌 관계에 있었습니다. 활쏘기나 무술 시합에서 비록 싯다르타를 이기지는 못했지만 데바닷타의 능력은 범인의 능력을 초월한 출중함을 드러내고 있습니다. 다음과 같은 기록들은 데바닷타가 왜 석가모니를 쉽게 인정하지 못하고 승단의 분열을 꾀했는지 보여주는 대목입니다.

"자질이 뛰어나고, 마음만 먹으면 무엇이든지 할 수 있고, 굴복을 용납하지 않았기에 석존(석가모니)과 위력을 경쟁하였다." 『보요경』

석가의 상수 제자였던 사리불이 공개적으로 말하길 "데바닷타는 훌륭한 집안(석가모니와 같은 집안)에서 출가하였고, 총명하고 큰 신통력을 가졌으며 용모가 단정하다." 『사분율』

"총명하여 모든 학문에 조예가 깊고, 12년간 좌선입정(앉아서 선정에 드는 것)하여 마음이 흔들리지 않았다. 처음엔 12 두타행을 하나도 빠트리지 않았다." 『출요경』

데바닷타가 신통이나 지혜를 붓다나 목련, 사리불에게 물었을 때 그들이 쉽사리 요구에 응하지 않자 자신이 그들을 능가할까 두려워서 가르쳐주지 않는다고 오해했던 것은 허무맹랑한 자기 도취만은 아니었습니다. 그는 승단을 분열시키고 나갈 때 오법五法을 내세우며 자신이 석가모니보다 더 높은 가르침을 행하고 있다는 것을 강조했습니다. 『선견율비바사』에 의하면 데바닷타는 득의양양하게 이렇게 말하고 있습니다.

"석가모니도 역시 오법을 펼치고 있지만 죽을 때까지는 아니다. 나는 죽을 때까지 오법을 지니고 지킨다."

데바닷타가 주장한 오법은 경전마다 그 내용이 조금씩 다른 부분이 있긴 하지만 대체로 고행을 권장하는 내용입니다.

1. 걸식한다 2. 생선과 고기를 먹지 않는다 3. 누더기 옷을 입는다 4. 평생 나무 아래나 길가에서 지내야 한다 5. 하루에 한 끼만 먹는다

석가모니도 걸식을 했지만 신도들의 청이 있을 때는 가끔 신도들의 집에 들어가 공양을 받기도 했고, 걸식으로 받은 음식을 버리지 못해 고기나 생선을 먹었으며, 죽림정사나 기원정사 같은 수행 공간을 제공받아 제자들과 머물렀습니다. 수행의 본질을 오해하고 있던 데바닷타가 보기엔 석가모니의 이런 행동은 진실한 구도자의 모습이 아니었습니다. 어떤 경우에도 고행을 마다하지 않는 자신이 훨씬 훌륭한 구도자라고 사람들에게 알리기 위해 오법을 강조했고 그를 통해 석가모니

와의 차별성을 가지려 했습니다.

석가모니와 데바닷타의 차이

 한편 데바닷타가 오법을 철저히 지킨 원칙주의자였다면 석가모니에게 오법은 깨달음을 얻기 위한 하나의 방편이었습니다. 석가모니는 누더기 옷을 입는 것과 기거하는 장소가 누추하다는 이유로 출가를 꺼리는 천수보리를 위해 화려한 가구를 빌려와 그가 머물 방을 제공해 그가 스스로 잘못을 깨우치고 깨달음을 얻게 했고, 화려한 꽃과 깃발로 장식이 되고 자연의 음악이 들리는 방을 요구하는 비구를 위해서는 그렇게 꾸며진 방에서 아라한과를 얻게 했습니다. 석가모니는 일률적인 고행이나 원칙을 강요하지 않았고 중생의 근기와 요구에 따라 각자에게 적합한 방법으로 사람들을 깨달음으로 이끌었습니다.

 그에 반해 데바닷타는 망상으로 마음이 흔들리는 것도 계를 어기는 것이라고 했고 천지만물에 생명이 있어 손톱이나 머리카락을 자르는 것도 생명을 해친다고 주장했습니다. 심지어 나무나 풀을 베는 것이 도둑질과 음란한 행동을 하는 것보다 더 큰 죄악이라고 가르쳤습니다. 데바닷타의 이런 주장은 당시에 유행했던 자이나교와 많은 부분 공통점을 지니고 있었습니다. 고행을 강조한 데바닷타의 교단은 인도에서 천년 동안 이어졌습니다. 인도로 법을 구하러 갔던 동진의 승려 법현(法顯, ?~?)의 『불국기』를 보면 "데바닷타의 무리들이 있었는데 항상 과거 삼불에게는 공양하였으나 석가모니불은 제외하였다."라는 기록이 있고, 당나라 현장(玄奘, 602~664)의 『대당서역기』에는 "세 곳의 절이 있었는데 버터를 먹지 않았고, 데바닷타의 가르침을 따랐다." 하고 묘사하고 있습니다.

　석가모니의 가르침을 많은 부분 받아들인 데바닷타 교단을 불교 종파 중 하나로 넣어야 하는지에 관한 논란이 있습니다. 하지만 데바닷타는 고행을 통한 깨달음이라는 인도에서 유행하던 기존의 고행주의를 답습했고, 석가모니는 쾌락과 고행 둘 다를 벗어난 중도中道로 깨달음을 실천했다는 점에서 의식이나 형식이 비슷하다고 해도 둘은 본질적으로는 다른 종교로 보는 것이 타당할 것입니다.

　석가모니와 데바닷타의 가르침을 비교하면서 우리는 불교의 계율과 고행에 대해 다시 생각해 봐야 합니다. 승려들이 교화와 설법을 위해 자가용을 몰고 다니거나 몸을 회복하기 위해 육식을 하는 것을 지나치게 엄격한 잣대를 적용해서 비판만 하는 것은 데바닷타의 가르침을 따르는 것입니다. 불교의 방편적 가르침을 악용하여 신도들의 돈으로 치부하고 음행을 거리낌 없이 일삼는 일부 승려들도 음행과 도둑질이 초목을 베는 것보다 가벼운 죄라고 가르친 데바닷타의 충실한 제자라는 비난을 벗을 수 없을 것입니다. 데바닷타의 극단적 우격다짐이 아닌 한 편에 치우치지 않은 석가모니의 중도와 실천이 우리 삶에 필요합니다.

아난 VS 가섭

탱화 속의 라이벌

대웅전에 들어서면 가장 먼저 눈에 들어오는 것이 있습니다. 바로 불상입니다. 금빛으로 찬란하게 빛나는 석가모니의 미소에 넋을 빼앗기거나 위용에 주눅이 들어 절만 꾸벅하고 법당을 나와버리면 놓치게 되는 것이 있는데, 바로 불상 뒤에서 배경 화면처럼 자리잡고 있는 그림, 흔히 탱화라고 부르는 그림입니다. 사람들은 탱화가 어렵고 난해한 그림일 것이라고 지레짐작해 좀처럼 눈길을 주려고 하지 않지만, 조금만 관심을 기울이면 탱화처럼 심오한 상징과 다양한 이야기를 담은 그림도 흔치 않다는 것을 느끼실 겁니다.

영산탱. 석가모니 주변에 그려진 아난과 가섭 그리고 제자들. 부산 범어사.

대웅전에 걸린 탱화를 영산탱이라고 부르는데, 영산탱이란 석가모니가 영취산이란 곳에서 『법화경』을 설법하는 모습을 담은 그림입니다. 영산탱을 볼 때 석가모니 부처나 그 주변을 둘러싼 보살, 사천왕 말고도 우리가 주목해서 봐야 할 것이 있습니다. 석가모니 머리 주변으로 구름처럼 좌우로 나뉘어져 다섯 명씩 묶여서 그려진 승려들입니다. 이들은 석가모니의 10대 제자들로 온라인 게임에 등장하는 캐릭터처럼 재능이 각각 달라서 다음과 같은 별칭을 가지고 있었습니다.

두타頭陀제일(고행으로 수행을 삼음) – 마하가섭

다문多聞제일(법문을 많이 듣고 잘 기억함) – 아난

지혜智慧제일(석가모니에 비견하는 깨달음을 지님) – 사리불

신통神通제일(자유자재한 신통력이 높음) – 목련

천안天眼제일(마음의 눈으로 천계까지 살필 수 있음) – 아나율

해공解空제일(불교의 공(空) 사상을 가장 잘 이해함) – 수보리

설법說法제일(사람들에게 불법을 풀어서 쉽게 이야기 함) – 부루나

논의論議제일(종교의 이론적 논쟁에 뛰어남) – 가전연

지계持戒제일(계율을 잘 지킴) – 우바리

밀행密行제일(은밀히 수행함) – 라후라

영산탱의 10대 제자들을 하나하나 살피다 보면 그 모습에 있어 극과 극을 발견할 수 있습니다. 오른편에는 주글주글한 할아버지 모습을 하고 있는 사람과 그 왼쪽 대칭점에 젊은 모습으로 그려진 미남자에게

상으로 조성된 아난과 가섭. 가운데 불상은 그들의 스승 석가모니이다. 부안 개암사.

눈길이 쏠리게 됩니다. 흰 눈썹과 흰 머리를 가진 승려가 두타제일로 이름난 가섭이고, 홍안의 푸른 머리로 그려진 꽃미남은 다문제일로 칭해졌던 아난입니다. 극명하게 차이나는 외모를 지닌 채 석가모니의 좌우에 선 두 사람에게서 라이벌의 분위기를 감지할 수 있다면 절간에서 새우젓을 얻는 일도 그리 어렵지 않을 겁니다.

아난과 가섭파의 대립

　마하가섭은 출가 전 유복한 집안에서 태어난 바라문으로 인도 카스트 제도의 최고 계급에 속했던 사람이었습니다. 게다가 석가모니보다 나이가 많았습니다. 영산탱에서 지혜로운 노인으로 그려지는 것도 이런 이유입니다. 하지만 가섭은 자신보다 신분이 낮은 크샤트리아 출신인 석가모니의 가르침을 듣고는 나이와 신분을 뛰어 넘어 기꺼이 석가모니의 제자가 되었습니다. 가섭은 출가한 지 8년 만에 깨달음을 얻어 주변의 존경과 찬탄을 받았습니다. 가섭은 자신을 따르는 499명의 수행자를 따로 이끌고 나와 인도 전역에 불법을 전파했습니다. 가섭이 속세에서 바라문 계급에 속했다는 것과 비교적 빨리 성취한 깨달음 때문에 사람들은 그를 매우 존중했습니다. 이런 바탕은 그를 석가모니의 입멸 후 첫 번째 경전 결집의 주체로 교단을 통솔하는 위치에 오르게 해주었습니다.

아난은 석가모니의 사촌동생으로 출가한 뒤 석가모니의 곁에서 평생을 시봉했던 제자이자 석가모니의 최측근이었습니다. 얼굴도 잘생기고 외모 또한 수려해 요즘 말로 '완소 꽃미남'이라 하기에 부족함이 없는 사람이었죠. 생긴 것만큼 마음도 따뜻해서 여성들이 출가할 수 있게 석가모니에게 건의를 한 것도 아난이었습니다. 아난은 기억력 또한 출중해서 석가모니의 설법을 모두 외울 수 있었습니다. 아난은 특히 여성들에게 인기가 많았습니다. 아난이 석가모니와 항상 붙어 다닌다는 점과 수행승으로는 부적합하게 보일 만큼 뛰어난 그의 외모는 주변의 시기와 질투의 대상이 되기에 충분했습니다. 아난을 질투한 승려들은 그가 석가모니의 친척이라는 후광 때문에 능력 이상의 평을 받는다고 눈을 부라렸습니다.

가섭과 아난은 이렇듯 서로 다른 출신 배경과 교단 내에서 위치 때문에 본의 아니게 경쟁 관계에 놓여 있었습니다. 표 나게 서로 헐뜯거나 분쟁을 일으켰다는 기록은 없지만, 몇몇 경전에는 가섭을 따르는 승려들과 아난의 대립각이 은근히 드러나기도 합니다. 『반니원경』에는 석가모니 입멸 후 뒤늦게 도착해 석가모니의 주검을 보겠다고 우기는 가섭과 절차상 이유를 들어 불가능하다고 거절하는 아난의 신경전이 기록되어 있습니다.

또 경전 결집에 관한 일화에서도 아난과 가섭이 무난한 관계가 아니었음을 알려줍니다. 『반니원경』에 따르면 가섭을 따르는 사문들은 가섭이 주최한 경전 결집에 아난이 콧대를 세우고 참여하지 않을 것을 두려워해 아난을 불러 높은 자리에 세 번 올려 놓고 옛날 일을 힐책해서 세 번 내려오게 하는 방식을 통해 아난의 기를 꺾어 놓으려 합니다. 그래야 아난이 고분고분 경전 작업에 참여할 것이란 계산이었습니다. 그런데 불려 온 아난이 승려들이 던진 세 번의 힐책에 대해 적절하게 방어함으로써 도리어 질책하는 가섭과 승려들을 꿀 먹은 벙어리로 만들어버리는 과정이 상세하게 기록되어 있습니다.

가섭의 손을 들어준 선종

그러나 중국 선종에서는 팽팽한 라이벌이었던 두 사람 간의 관계를 무시하고 마하가섭을 1등, 아난은 2등으로 등수를 매겨버렸습니다. 선가에서 석가모니의 정법을 이어받은 최초의 제자가 마하가섭이라고 못을 박아버린 것입니다. 선가의 기록인 『경덕전등록』에는 이렇게 기술되어 있습니다.

석가모니 부처님이 (입멸하시기 전) 마지막으로 제자인 마하가섭에게 말하길 "내가 청정법안과 열반묘심과 실상무상과 미묘정법을 너에게 전하니, 너는 잘 간직하라." 하셨다.

선가에서는 이것을 제외하고도 가섭이 석가모니의 정법을 이어받았다는 근거를 세 가지 일화에서 찾는데 이를 삼처전심三處傳心이라 합니다. 석가모니가 세 곳에서 자신의 마음을 가섭에게 전했다는 뜻입니다.

첫 번째로 석가모니가 마음을 전한 것은 수많은 사람들이 모인 영취산 야단법석•이었습니다. 석가모니가 갑자기 설법을 중단하고 대중을 향해 연꽃을 들자 어리둥절해하는 대중들 사이로 가섭만 석가모니의 뜻을 알고 빙그레 웃었습니다. 이를 '염화시중의 미소'라고 합니다.

두 번째는 다자탑 앞에서 석가모니가 법문을 하는 도중에 가섭이 늦게 도착해 자리를 찾지 못했습니다. 그 때 석가모니가 자리를 옮기며 가섭에게 같이 앉기를 청하자 가섭이 사양 없이 따랐습니다. 이것을 '반분좌'라 하는데 자리를 반으로 나누어 앉았다는 뜻입니다.

세 번째는 석가모니가 열반에 들었을 때 다른 곳에서 수행하던 가섭이 뒤늦게 소식을 듣고 달려와 석가모니의 마지막 모습을 보길 원했습니다. 그러나 이미 석가모니는 관에 모셔져 있어 그 모습을 볼 수 없었습니다. 그 때 석가모니가 관을 뚫고 자신의 두 다리를 가섭에게 보임

• 野壇法席 : 들에 단을 쌓고 법회를 여는 것을 뜻하는 불교 용어가 나중에는 사람들이 많이 모여 어지럽고 떠들썩한 상황을 뜻하는 말로 바뀌게 되었습니다.

으로써 자신이 가섭에게 마음과 깨달음을 전했다는 징표를 남겼다고 합니다. '곽시쌍부' 즉, 관을 뚫고 두 다리를 보였다는 뜻입니다.

이렇게 가섭은 석가모니의 마음을 이은 인도의 첫 번째 조사(1조)로 선종의 공식적인 인증을 받게 됩니다. 그리고 아난은 가섭의 훈계와 지도를 받아 깨우침을 얻었다고 해서 2조로 놓습니다. 깨달음의 전수는 석가모니-가섭-아난 순으로 이뤄졌다는 겁니다. 그런데 과연 선종의 주장대로 가섭이 최초로 석가모니의 정법을 이어받았을까요?

노파의 눈물을 귀하게 여긴 아난

가섭이 석가모니의 정법을 이은 것으로 기록된 최초의 선종 문헌은 『조당집』입니다. 『조당집』은 가섭이 석가모니의 정법을 이어받았다는 근거를 『대반열반경』에서 찾습니다. 그런데 실제로 『대반열반경』을 살펴보면 『조당집』의 주장과는 달리 다음과 같이 적혀있습니다.

> 지금 이 가르침을 (참석한) 너희들에게 전하노니, (내가 죽은 후) 가섭과 아난이 당도하면 이 가르침을 다시 전하기 바란다.

석가모니가 임종에 들기 직전에 가르침을 전한 것은 가섭이나 아난이 아닌, 그 주변에 있던 제자들이었습니다. 석가모니는 누군가를 지정해서 자신의 법을 전한 일이 없다는 사실입니다. 그런데 왜 선종의 기록들에는 하나같이 가섭이 단독으로 석가모니의 가르침을 받았다고 하는 것일까요? 경전의 문자나 부처의 말보다는 마음을 통한 직접적인 깨달음을 중요시하는 선종의 특색상 다문제일로 불렸고 거의 모든 경전이 그의 기억력에 의지해 기술되었다고 평가받는 아난은 환영할 만한 존재가 아니었습니다. 그에 비해 가섭은 삼처전심의 일화를 통해 누구보다 선종의 이상(불립문자, 이심전심, 85쪽 참조)에 근접하는 인물이었습니다. 그런 이유로 가섭은 선종의 문헌에서 아난을 젖히고 부처님의 깨달음을 직접 전수받은 최초의 인물로 우뚝 서게 되었던 것입니다. 하지만 섣불리 등수를 붙여 줄 세우기 전에 참고해야 할 일화가 있습니다. 바로 관 속에 모셔진 석가모니의 발이 가섭이 당도하자 관 밖으로 뚫고 나왔다는 '곽시쌍부'에 얽힌 아난과 가섭의 태도입니다. 『반니원경』에는 이렇게 기록이 되어 있습니다.

> 이 때 마침 부처님의 주검이 관 밖으로 두 발을 내밀었다. 가섭이 머리를 조아려 절을 하다 부처님 발 위에 이상한 얼룩이 묻어 있는 것을 보고 아난에게 물었다.
> "부처님의 몸은 금빛인데 왜 이런 얼룩이 묻어 있는 것인가?"
> 아난이 (대수롭지 않다는 듯) 대답했다.
> "아까 어떤 노파가 부처님 발에 머리를 조아리고 울면서 눈물을 떨어트리는 바람에 그 흔적이 남게 된 것입니다."
> 가섭은 이를 못마땅하게 여겨 한숨을 내쉬었다.

부처님의 몸에 얼룩이 남은 것을 탐탁찮게 생각하는 가섭과 얼룩보다는 노파의 뜨거운 눈물을 귀하게 여겨 닦아내지 않은 아난의 태도를 비교하다 보면 누가 수행자와 구도자로서의 진정성을 품고 살았던 사람인지 고민하게 됩니다. 위의 짧은 기록은 그 동안 깨달음에 있어 늦깎이 취급을 받아왔던 아난이 사실은 가섭보다 더 빨리 부처의 마음을 체득한 올깎이였음을 보여주는 중요한 단초일지도 모릅니다.

> **더 읽어 볼 책**
>
> **원형과 모방의 선불교사, 깨달음의 신화** 박재현 (푸른역사)
> 선불교사와 깨달음에 관한 저자의 전복적이고 도발적인 접근은 불교에 대한 고정 관념을 깨부수며 깊은 사유의 세계로 인도한다. 초심자들로서는 다소 부담스런 불교 용어와 철학적 용어들이 간간이 섞여 있긴 하지만 인내심을 가지고 책장을 넘기다 보면 책 읽기의 희열을 충분히 맛볼 것이다. 대중성과 철학적 깊이를 동시에 갖추고 있어 넘쳐나는 불교 관련 서적들 가운데서도 단연 돋보이는 수작이다. 『10대와 통하는 불교』도 이 책의 탁월한 문제 설정과 시각에 많은 빚을 지고 있다.

당나라 유학을 포기한 원효

원효 스님과 의상 스님은 좋은 친구이자 도반이었습니다. 원효가 의상보다 나이가 8살이 많긴 했지만 둘은 흉금을 터놓고 말하는 지기였지요. 둘은 불교를 더 깊게 공부하기 위해 신라를 떠나 당시 동서양이 만나는 세계의 중심지였던 당나라로 유학을 가기로 약속했습니다. 어느 날 둘은 간소하게 챙긴 바랑을 메고 훌쩍 길을 나섰습니다. 그러나 지금처럼 교통이 발달한 시대가 아니었기에 물어물어 당나라로 출항하는 배가 있다는 항구로 타박거리며 걸어갔습니다.

그렇게 부르튼 발을 이끌며 산을 넘던 도중 해가 지고 사방이 캄캄해졌습니다. 원효와 의상은 급한 김에 근처에서 노숙을 할 적당한 자리를 물색하기 시작했습니다. 찬 이슬도 개의치 않고 풀밭에 벌렁 누워버린 원효와 달리 자는 동안 산짐승에게 해를 입을 수도 있으니 더 안전한 장소를 구해야 한다고 원효를 말렸던 의상이 결국 조그마한 땅굴을 찾아냈습니다.

둘은 굴로 기어 들어가 몸을 뉘었습니다. 하루 종일 걷느라고 지친 육신도 육신이려니와 아늑하고 조용한 굴 안에서 솔솔 풍기는 향기로운 흙 냄새에 취해 둘은 금방 골아 떨어졌습니다.

어느 새 둘의 드르렁거리는 콧소리가 잠잠해지고 밤이 깊어갈 무렵, 점심을 짜게 먹은 탓에 목이 탄 원효가 자리에서 벌떡 일어났습니다. 하지만 원효는 깊은 산중에서 물이 나오는 샘을 찾을 일이 막막했습니다. 괜히 뒤척이다가 곤하게 자고 있는 의상을 깨울까 봐 섣불리 움직이지도 못하고 고민에 빠져 있는데, 지척에서 또옥, 똑, 청량하게 물방울 떨어지는 소리가 들렸습니다. 밖에 비가 오는 바람에 굴 천장에서 조금씩 떨어지는 물방울 소리였습니다.

반가운 마음에 소리가 나는 쪽으로 손을 더듬거리자 뜻밖에 그릇이 손에 잡혔습니다. 평소에도 워낙 대범한데다 소갈증까지 겹친 원효는 가릴 것 없이 그릇을 집어 들고는 안에 담긴 물을 벌컥벌컥 들이켰습니다. 원효는 참으로 달고 시원한 물맛이라 생각하며 입맛을 다신 뒤 다시 잠에 빠져들었습니다.

다음 날 아침, 원효는 굴 안으로 새어 들어오는 어슴푸레한 빛에 슬며시 눈을 떴습니다. 원효는 다시 목이 말라 어제 마시고 머리맡에 놓아 두었던 그릇을 들었습니다. 밤과는 달리 굴 안을 밝히는 빛 덕분에 원효는 자신이 집은 그릇의 정체를 파악할 수 있었습니다. 그릇이라고 생각했던 것은 사람의 해골이었고, 그 안에 담긴 물은 머리카락과 벌레들이 둥둥 떠다니는 썩은 물이었습니다. 거기에다 의상과 자신이 아늑하게 느끼며 몸을 눕힌 곳은 굴이 아닌 입구가 뚫어진 오래된 무덤이었습니다. 원효는 치밀어 오르는 욕지기를 견디지 못하고 그 자리에서 토하기 시작했습니다. 그 소리에 놀라 의상이 일어났습니다.

"원효 스님, 아침부터 왜 그러십니까? 어디 속이 안 좋으십니까?"

한동안 대답이 없던 원효 스님은 속에 있는 것을 다 비워내고는 태연히 말했습니다.

"의상 스님, 난 당나라로 안 가렵니다."

"왜요?"

"내가 어제 맛나게 마신 물이 사실은 해골에 담긴 썩은 물이었지 뭐요. 모르고 먹을 때는 달콤한 감로수였는데, 알고 나니까 나도 모르게 구역질이 나왔소. 물은 달라지지 않았고 달라진 것은 내 마음뿐인데 말이오."

"그래서요? 그게 당나라 유학과 무슨 관계입니까?"

"모든 것이 마음에서 비롯되는 일인데, 그 마음을 구하러 멀리 당나라까지 갈 필요가 뭐가 있겠소. 마음은 바로 내 안에 있는데 말이오."

원효는 그 길로 유학을 포기하고 신라에 남아 고승이 되었고 의상 스님은 계획대로 당나라로 건너가 지엄이라는 스승 아래에서 열심히 공부한 덕분에 귀국해서 신라에 새로운 화엄학을 펼칠 수 있었습니다.

원효는 정말 해골 물을 마셨을까?

너무나 유명한, 원효가 해골 물을 마신 이야기입니다. 그런데 이 이야기가 사실일까요? 만약 원효가 썩은 물을 실제로 마셨다면 깨달은 바 있어서가 아니라 식중독 때문에 당나라로 가지 못했을 가능성이 높겠죠. 상식적으로 판단할 때 그렇다는 이야기입니다. 사람들은 '해골 물 일화'의 근거로 중국측 기록인 『송고승전』을 들곤 하는데, 『송고승전』에서 이와 관련된 부분을 찾아보면 의외로 밋밋한 내용임을 알 수 있습니다.

원효와 의상은 배를 타고 당나라로 가기 위해 항구로 향하던 중 비가 오고 날이 저물자 길가 언덕 밑에서 땅굴을 발견하여 거기서 하룻밤을 묵게 되었습니다. 이튿날 아침에 일어나 보니, 그 곳은 땅굴이 아니라 오래된 무덤이었습니다. 비가 그치지 않아 그들은 하룻밤을 더 무덤 속에서 지내게 되었는데 원효는 전날과는 달리 귀신 생각 때문에 잠을 이루기 어려웠습니다. 원효는 그 때 크게 느껴 이렇게 말하고는 신라에 남았습니다.

무덤가에서 해골 물을 마시는 원효를 그린 벽화. 그러나 원효가 정말 해골 물을 마셨을까? 서울 개운사.

"(오늘은) 마음이 일어나니 갖가지 현상이 일어나고, (어제는) 마음이 없으니 땅굴과 무덤이 다르지 않았구나. 세상 모든 것은 마음의 작용에 의해서 일어나고 사라지니, 마음을 제외하고 무슨 법이 있어, 새삼스럽게 따로 구할 것인가!"

그러나 실망할 필요가 없습니다. 잘 알려져 있진 않지만 또 다른 중국측 기록인 『종경록』에는 원효가 해골 물을 마셨다는 극적인 일화가 나옵니다. '자, 그럼 원효가 해골 물을 마신 게 맞네, 그럼 땡!' 하고 넘어가도 될까요? 그러나 『종경록』이나 『송고승전』에 나온 원효가 깨달음을 얻는 일화를 두고 의심의 눈길을 보내는 견해도 있다는 것을 마저 말씀드려야겠네요. 즉, 원효가 당나라에서 수학하지 않고 큰 승려가 된 것을 아니꼽게 생각한 중국인들이 원효가 깨달은 계기를 의도적으로 비하하기 위해 무덤이나 해골 물 이야기를 지어냈다고 보는 시각입니다. 이는 『송고승전』에서 원효 이야기에 대한 배치가 자연스럽지 못하다는 것에서 시작합니다. 『송고승전』의 〈원효전〉을 보면 원효를 두고 "말을 미친 이처럼 거칠게 하고 행적이 괴상하고 잡스럽다." 라는 식의 폄하가 보이는데다가, 무덤 이야기는 원효가 깨달음을 얻게 되는 가장 중요한 부분임에도 불구하고 〈원효전〉에 실리지 않고 〈의상전〉에 곁다리처럼 첨부되어 있다는 것입니다. 또한 『송고승전』에 의하면 원효가 당나라 유학을 가다가 중도에 큰 깨달음을 얻게 되는 시기는 661년이 되는데, 이는 원효가 요석 공주와 결혼해 설총을 낳은 후의 시기가 되어버립니다. 중국측의 기록을 무조건 신뢰하다 보면 원효가 요석 공주와 결혼한 것은, 깨달은 원효의 무애자재한 보살행이 되는 것이 아니라 깨닫기 전 욕정에 이끌린 한 남자의 행위로 전락하는 결과를 낳기도 합니다. 이렇듯 우리가 당연하게 받아들이는 원효의 해골 물 이야기에도 의심할 부분과 고민거리가 널려 있습니다. 그러나 원효가 그 때 해골 물을 마셨는지 아닌지보다 더 중요한 것은 국내에서 공부한 원효가 우람한 거목으로 성장해 도리어 중국과 일본에까지 두루 그 이름과 영향을 끼친 승려가 되었다는 점일 것입니다.

자유인 원효, 교육자 의상

해골 물 일화에서 보듯 원효와 의상은 평생 친구이자 도반이었지만, 서로의 기질과 가는 길은 달랐습니다. 원효는 고위 관직으로 나아가는

데 제약이 많은 6두품 신분으로 태어났습니다. 그에 비해 의상은 진골 계층에서 태어난 귀족 도련님이었습니다. 아마 타고난 신분적 상황과 교육이 원효와 의상의 유년 시절 인격 형성에 많은 영향을 끼쳤으리라 생각됩니다.

『삼국유사』에서 원효와 의상을 기술한 조(條)의 제목만 보아도 둘의 기질을 단박에 알 수 있습니다. 원효는 '세속의 틀로 가둘 수 없는(원효불기)' 자유인으로 설정되어 있고, 의상은 '법을 널리 펴고 가르친(의상전교)' 침착한 교육자로 상정되어 있습니다.

여인과의 사랑에 있어서도 둘은 달랐습니다. 당나라로 유학 간 의상은 선묘라는 중국 여인의 10년간의 애정 공세에도 흔들리지 않는 구도자였고, 원효는 저자 거리를 떠돌며 "누가 나에게 자루 없는 도끼를 빌려주겠는가, 하늘을 떠받칠 기둥을 깎겠노라." 하는 노래를 불러 요석공주와 혼인해 설총이란 아들까지 얻은 자유인이었습니다. 원효가 계율이란 그물에 걸리지 않는 바람 같은 존재였다면, 의상은 외부에서 불어오는 한 자락의 바람도 허용치 않는 청정한 수행승이었습니다. 그래서인지 『삼국유사』에는 관세음보살의 친견에 있어서 원효와 의상 간에 상반된 결과를 보여주는 일화가 기록되어 있습니다.

의상 스님이 당에서 신라로 돌아와 관세음보살이 동해 낙가산에 살고 있다는 소문을 듣고 친견하기 위해 찾아갔습니다. 거친 파도 위에 의상 스님이 자리를 펴자 천룡팔부들이 나타나 스님을 바닷가 절벽의 굴 속으로 인도해 의상 스님은 관음보살을 친견하고 수정염주를 받았습니다. 나오는 길에 동해 용왕이 여의주를 바치니 스님은 그 굴 위에 절(낙산사)을 짓고 관음보살상을 조성하고 수정염주와 여의주를 모셨습니다.

이 소식을 들은 원효는 자신도 관음보살을 친견하기 위해 낙산사를 찾았습니다. 처음에 당도한 곳은 낙가산 근처의 남쪽 교외였는데 논 가운데에서 흰 옷을 입은 여인이 벼를 베고 있었습니다. 원효가 장난삼아 그 벼를 달라고 청하자, 여인은 벼가 영글지 않아서 줄 수 없다고 말했습니다. 원효는 다시 길을 가다 다리 밑에서 어떤 여인이 천으로 만든 생리대를 빨고 있는 것을 보고 목이 마르니 물을 달라고 청하자 여인은 더러운 물을 떠서 바쳤습니다. 원효는 여인이 건넨 물을 버리고 다시 냇물을 떠서 마셨습니다. 이 때 소나무 위에서 파랑새 한 마리가 "스님은 (오지 말고) 쉬세요."라고 말하곤 사라져버렸습니다. 원효가 가서 살펴보니 파랑새가 떠난 나무 아래엔 신발 한 짝이 놓여 있었습니다. 원효가 낙산사에 이르러 관음보살상을 보는데 좌대 아래엔 아까 보았던 신발의 나머지 한 짝이 놓여 있음으로 원효는 그제야 조금 전에 만난 여인이 관음보살의 진신眞身임을 깨달았습니다. 원효는 절벽 아래 성굴聖窟로 들어가서 다시 관음의 참 모습을 보려고 했으나 풍랑이 크게 일어나 들어가지 못하고 절을 떠났습니다.

이 이야기를 있는 그대로 믿어 의상 스님은 덕이 높은 스님이고 원효 스님은 공부가 부족한 승려로 판단하는 것은 섣부릅니다. 이 설화의 배경이 의상이 창건한 낙산사를 무대로 하고 있다는 점을 고려해야 합니다. 의상은 홈그라운드에서 경기를 펼치는 상황이고, 원효는 원정

경기에 나선 선수의 입장이지요. 홈구장에 불려 온 외지 선수에겐 항상 야유와 경멸이 뒤따르는 법이니까요. 다만 이 이야기를 통해 원효와 의상은 라이벌 관계이자 좋은 맞수였다는 맥락만 읽으면 됩니다.

넓게 출렁이는 원효, 깊게 반짝이는 의상

또 한 가지 재미있는 사실은 국내파인 원효 스님과 해외 유학파인 의상 스님은 저술에 있어서 많은 차이를 보이고 있다는 점입니다. 보통 해외 유학파가 더 많은 저술 활동을 벌였을 거라고 생각하겠지만 실상은 원효 스님의 저술이 월등히 많았습니다. 둘을 비교함에 있어 격심한 차이가 나는 이유는 원효 스님이 상식을 뛰어 넘는 정력적 저술 활동을 벌였다는 점도 있지만 의상 스님의 저술이 너무 과소했다는 점도 작용합니다.

의상의 저술이 빈약한 이유는 의상이 귀국할 당시 신라는 당나라와의 전쟁으로 반당反唐 정서가 팽배해져 있었고 이로 인해 당 유학승 의상이 갓 들여 온 화엄학이란 새로운 불교가 왕실이나 귀족, 기존의 교학적인 신라 불교에 스며들지 못해 의상이 중앙 무대에서 적극적인 활동을 펼칠 수 없었다는 점과 화엄학 자체의 비의秘意적인 성격이나 스승과 제자 간에 구전口傳되었던 습속 등도 의상이 많은 저술을 남기는 데에 장애가 되었으리라 생각됩니다.

원효의 저술은 총77부 149권이라 말해지며 그 가운데 23부 30권이 지금까지 남아 있습니다. 그 중 『금강삼매경론』이란 책은 원효가 얼마나 뛰어난 학자이자 사상가인지를 여실히 드러내고 있습니다. 보통 경전을 해석한 주석서에는 '소疏'라는 이름을 붙이게 되어 있고, 보살 이상의 깨달음을 얻었다고 인정되는 저자가 해설한 주석서에만 '론論'을 붙이는 것이 관행이었습니다. 그러나 콧대 높은 중국인들조차 원효의 『금강삼매경』에 대한 해석에 감탄해 '소疏'라는 글자를 고쳐 '론論'이라 존칭했다고 합니다. 원효의 다른 대표작으론 『대승기신론소』가 있는데 인도 대승 불교 사상의 양대 산맥인 중관中觀과 유식唯識 사상을 독자적인 시각으로 통합시킨 저술입니다. 원융과 회통이라는 원효의 시각은 이후 한국 불교를 대표하는 키워드로 자리잡게 됩니다.

화엄일승법계도. 가운데 '법(法)'자에서 시작해 미로 같이 구불구불한 길을 따라 왼쪽 방향으로 일곱 글자씩 끊어 읽는다. '법성원융무이상'에서 시작한 글은 전체를 한 바퀴 빙 돌아 '구래부동명위불'에서 끝난다. 돌고 돌아 법계도가 끝나는 자리는 바로 이 법계도의 시작점인 '법'자 바로 아래에 놓인다. 이로써 의상은 우주와 불교의 진리는 시작과 끝이 겹쳐진 원과 같이 영원하고 끝없는 순환 구조를 내포하고 있다는 것을 드러내고 있다. 또한 그림의 중앙에 세로로 배치된 세 개의 글자는 불교의 삼보를 의미하는 중(대중), 법(부처의 가르침), 불(부처)이다.
그림 출처 blog.naver.com/oh_won

이에 반해 당나라로 가서 스승 지엄에게 화엄학을 수학하고 신라에 돌아와 해동 화엄의 1조가 된 의상은 부석사에 은거하며 화엄경을 쉽게 해설한 강론집과 제자의 질문에 대해 쉬운 말로 푼 문답집을 남겼다고 기록되어 있으나 현재까지 남겨져 가장 잘 알려진 것은 화엄 사상을 압축해서 그린 〈화엄일승법계도〉입니다.

이 법계도는 방대한 화엄학을 7언 30구 210자의 게송으로 만들어 그것을 미로와 같은 만다라 양식의 틀 안에 집어 넣은 것으로 그것을 그린 종이는 불 속에 던져도 타지 않는다는 말이 나돌 만큼 화엄의 정수만을 아로새긴 그림입니다. 법계도에는 "하나가 일체이며, 일체는 곧 하나다. 한 알의 티끌 속에 우주가 담겨 있다." 등의 글귀로 의상이 깨우친 화엄학을 압축해 놓았습니다.

학문적 경향에 있어 원효가 들판에 흐르는 갖은 강물들을 끌어와 큰 바다로 만들었다면, 의상은 화엄이란 다이아몬드 원석을 열심히 갈고 다듬어 빛을 발하게 한 셈입니다. 그래서 원효는 넓게 출렁거리고, 의상은 깊게 반짝입니다.

이것은 각자의 교육관으로 이어져 원효가 대중들을 아우르는 가르침을 펼친 반면, 의상은 다가올 화엄 불교의 시대를 기다리며 엘리트 승려들을 키워내는 데 주력했습니다. 원효는 박을 두드리고 춤을 추면서 '생사가 곧 열반임을 아는 자는 생사의 윤회에서 벗어난다'는 무애가를 지어 불러 민중들에게 불교의 골수를 맛보게 하였고, 의상은 자신의 화엄 사상을 지통, 표훈, 진정 등의 승려들에게 계승해 부석사, 해인사, 범어사, 화엄사 등 화엄십찰華嚴+刹이 건립되었고 화엄이 이후 한국 불교의 핵심으로 자리잡게 만들었습니다.

현재 해인사에서 마당에 의상 스님의 화엄일승법계도를 커다랗게 조성해 놓고 사람들이 한 자 한 자 새기며 돌 수 있도록 만든 이유도 의상 스님이 지닌 화엄의 골수를 담은 사찰임을 드러내는 일이라 하겠습니다.

원효와 의상, 그들은 가는 길은 달랐지만 서로 힘이 되고 모자란 부분은 메워주는 도반이었고, 한국의 불교 또한 그들이 있어 비약적인 발전을 이루게 되었습니다. 여러분도 곁에 서로를 자극해주고 발전시켜줄 친구나 라이벌을 가지고 있습니까? 만일 그렇다면 여러분뿐 아니라 우리 모두를 위해 환영할 일임에 분명합니다.

지눌과 성철

뜰 안에 난 몹쓸 나무는 베어야 한다

지금까지 살펴본 라이벌이 동시대를 살았던 사람들이었다면, 이번에 다룰 라이벌은 시대를 뛰어넘어 논쟁을 이어간 사람들의 이야깁니다. 보조 국사란 이름으로 교과서에 등장하는 지눌(知訥, 1158~1210)은 고려 말의 사람이고, 청정한 수도자의 표상으로 지금까지도 인구人口에 회자되는 성철(性徹, 1912~1993)은 근래에 활동하다 입적한 분입니다. 이렇게 다른 시대를 산 두 분이 어떻게 라이벌로 묶일 수 있는 걸까요?

사건의 발단은 먼저 성철이 죽은 지눌을 불러내면서 시작됩니다. 1981년, 당시 조계종의 종정*이자 '살아 있는 부처生佛'로 불리며

---

* 宗正 : 불교 종단을 대표하는 정신적 스승이자 지도자. 티베트의 달라이 라마나 천주교의 교황처럼 한국 불교계를 대표하는 상징적 지위를 가집니다.

평생 동안 철저하게 수행자의 삶을 추구했던 성철
(사진 제공 경향포토)

세간의 추앙을 한 몸에 받던 성철이, 자신의 저서인 『선문정로禪門正路』에서 "몹쓸 나무가 뜰 안에 났으니, 베어버리지 않을 수 없다."라고 말하면서 불거졌습니다. 성철 스님이 말한 '몹쓸 나무'란 다름 아닌 보조 국사 지눌이었고, '뜰'이란 중국의 선불교인 임제종을 바탕으로 이어져 내려온 한국 조계종을 말하는 것이었습니다. 이는 조계종의 호적에서 보조 국사 지눌의 이름을 파내야 한다는 극단적인 말이었습니다.

그런데 문제는 보조 국사 지눌의 상징성이었습니다. 한국 조계종의 중천조로 모셔지는 지눌을 조계의 적자嫡子에서 제외시켜야 한다고 조계종 승려인 성철이 말했으니, 이는 아들이 아버지를 부정한 셈이고 줄기가 뿌리를 죽여야 한다고 주장한 격이었습니다. 게다가 지눌은 한국 불교를 대표하는 삼보 사찰● 중의 하나인 송광사가 모신 16국사 중 최초의 국사로 높이 모시는 스님이었으니 그 파장은 이래저래 커질 수

● 삼보 사찰 : 불교의 세 가지 보물인 부처, 법(말씀, 경전), 승(승려)을 대표하는 사찰로, 석가모니의 진신사리를 봉안한 통도사가 불보 사찰, 팔만대장경판을 소장한 해인사가 법보 사찰, 국사를 16명이나 배출한 송광사가 승보 사찰로 불립니다.

밖에 없었습니다. 그러나 당시 성철의 발언에 대해 공개적으로 반박을 하는 사람은 없었습니다. 8년간의 장좌불와(長坐不臥 : 오랫동안 앉아서 수행하고 드러누워 쉬거나 자지 않는 것)와 10년간의 묵언(默言 : 말을 하지 않는 수행), 하루에 한 끼만 먹는 치열한 수행으로 살아 있는 부처로 일컬어졌고, 해인사의 방장**이자 조계종의 종정이란 상징성 앞에서 승려와 학자들은 함부로 입을 열지 못했습니다. 그러나 반박이 더 어려웠던 이유는 성철이 제기한 '깨달음'의 문제는 말과 논리로 쉽게 논박할 수 없고 수행과 체험이 뒷받침되어야 하는 개념이란 점이었습니다. 침묵과 끙끙거림 속에서 10년의 긴 시간이 흐르고 1990년에 이르러서야 드디어 성철의 발언에 대해 학자들 간의 학술적인 논의가 이루어졌습니다.

그것이 그 유명한 돈오돈수, 돈오점수 논쟁입니다.

돈오돈수, 돈오점수 논쟁으로 들어가기 전에 두 입장에 공통적으로 전제되는 '돈오頓悟'라는 개념에 대해 살펴보겠습니다. 바로 '돈오'란 말에 관한 각자의 이해와 용어 정리가 돈오돈수와 돈오점수를 갈라지게 하는 가장 큰 요인이기 때문입니다.

돈오에 대한 서로 다른 시각

'돈오'는 선가에서 전통적으로 내려오는 말로 풀자면 '몰록 깨달음'이란 말입니다. 그런데 '몰록'이 뭘까요? 승려들이나 선가에선 몰

** 方丈 : 선원, 강원, 율원을 모두 지닌 사찰을 총림이라 부르고, 총림의 가장 높은 자리에 위치한 스님을 방장이라 합니다.

록이란 말을 아주 범상하게 쓰고 있지만, 그 분들에게 몰록의 뜻을 설명해달라고 하면 "몰록이 뭐긴 뭐야, 몰록이지." 하고 대답할지도 모릅니다. 어떤 이는 '문득'과 '몰속(전부, 몽땅이란 뜻을 지닌 옛말)'이라는 두 가지 뜻을 함께 표현하기 위해 승가에서 몰록이라는 신조어를 만들었다고 풀이하기도 하지만, 몰록의 쓰임은 그보다 깊고 미묘한 뜻을 담고 있습니다. 몰록은 실재하는 어떤 사물이나 행동, 상태 등을 설명하는 언어가 아니고, 항시 깨달음이나 닦음의 앞에 위치하는 말이기 때문입니다. 몰록은 항상 깨달음이나 닦음과 연계해서 풀어야 하는 일종의 화두나 암호 같은 것으로 선사들이 말하는 몰록의 정확한 뜻을 알려면 몸으로 체득해서 이해하는 수밖에 없습니다. 그럼에도 불구하고 몰록을 말로 거칠게 풀이하자면 시간의 개념으로 설명할 수 없고, 물리적 법칙으로도 환원할 수도 없고, 장소라는 공간적 의미로도 가둘 수 없는 '존재의 전일적全一的 변화, (175쪽 참조) 혹은 그에 상응하는 순간인 동시에 영원' 정도라고 설명할 수 있을 겁니다.

그러나 일반적으론 '돈오'를 '몰록 깨달음'이란 말 대신 '단번에 깨달음'이란 뜻으로 쉽게 풀어 쓰기도 합니다. 돈오를 영어로 번역하면 'sudden enlightenment'라고 씁니다.

지눌이 내세운 돈오점수는 '단박에 깨달아 점차적으로 닦아나간다'는 개념입니다. 지눌이 사용한 '돈오'는 전통적인 선종에서 주장하는 '몰록 깨달음'이 아니라 그저 '단박에 깨닫는 것'이었습니다. 지눌이 돈오점수를 주장한 이유는 단박에 깨달을지라도 습(習 : 업보를 불러오는 세속에 물든 습관이나 버릇)은 남아 있기에 자만하지 말고 철저히 수행에 전념

해야 한다는 것이었습니다. 보조 지눌은 돈오를 다른 말로 '해오'(解悟 : 단박에 깨달음)라고 불렀습니다. 해오란 경전을 통해 부처의 말을 접하고 내적인 변화와 깨달음이 일어나는 것을 말합니다. 지눌은 이 해오가 있은 후에야 본격적인 수행에 들 수 있고, 그 수행을 통해 불교의 궁극적인 깨달음이라고 할 수 있는 '증오'(證悟 : 몰록 깨달음)를 이룰 수 있다고 보았습니다. 지눌은 전통적인 선종이 주장하는 '몰록 깨달음'에 오르기 위해 '해오'라는 계단을 하나 놓아 둔 것입니다.

이와는 반대로 성철이 제기한 돈오돈수는 '몰록 깨달아 몰록 닦는 것'을 의미하는 말입니다. 깨달음을 이루었다면 닦을 것(수행)이 남아 있지 않아야 하며, 깨닫고 나서도 수행할 것이 남아 있다면 그것은 완전한 깨달음이 아니란 말입니다. 성철은 지눌이 주장하는 해오는 알음알이•를 통해서 깨달음에 접근하는 것이고, 이는 궁극적인 깨달음인 증오를 이루는 데 있어 치명적인 걸림돌이 되어 깨달음의 바른 길에서 점점 멀어지게 되는 독이라고 비판한 것입니다.

그러나 보조 지눌이나 퇴옹 성철이 종국적으로 지향하는 것은 궁극적인 깨달음을 뜻하는 증오란 점에서는 다름이 없습니다. 하지만 성철은 '돈오'라는 용어를 사용할 때는 오직 '증오'만을 지칭해야 한다고 엄격하게 생각했고, 지눌은 '돈오'를 '해오'라고 느슨하게 써도 무방

• 원래 알음알이나 알음알음은 국어 사전상으로 아는 사람이나 서로 아는 관계를 뜻하지만, 선가에서는 '지해'(知解 : 얕은 지식이나 머리를 통해 깨달음을 피상적으로 이해하는 것)를 말할 때 '알음알이'란 말을 씁니다.

하다고 본 것입니다. 각자의 입장을 정리하면 다음과 같습니다.

지눌의 입장

1. 돈오점수 : 깨달은 후 점차 닦아감.
2. 돈오=해오=단박에 깨우침.
3. 해오=경전 공부를 통해 어느 한 순간 이루어지는 내적인 변화와 깨달음. 궁극적인 깨달음인 증오(=몰록 깨달음)에 이르기 위해 반드시 거쳐야 하는 단계.

성철의 입장

1. 돈오돈수 : 몰록 깨닫는 동시에 몰록 닦아버림.
2. 돈오=궁극적인 깨달음인 증오=몰록 깨달음.
3. 해오=알음알이(지해)로 얻은 거짓 깨달음으로 사람들은 보통 여기서 만족하게 됨으로 궁극적인 깨달음인 증오를 얻는 데 있어 가장 큰 해악.

그런데 왜 두 스님이 이런 상반된 주장을 내세우게 되었는지에 관한 역사적 맥락과 시대적 상황을 모른 채, 누가 옳고 그르다 편을 갈라 봐야 소용 없습니다. 지눌과 성철, 두 승려는 역설적이게도 같은 의도를 가지고 돈오점수와 돈오돈수라는 정반대의 주장을 했다는 사실입니다. 그것은 바로 불교계의 혁신과 수행의 새로운 기준을 제시하려는 의도였습니다.

800년간의 시차를 둔 지눌과 성철의 대화

먼저 지눌 스님 쪽 사정을 살펴보겠습니다. 고려시대에는 경전의 해석과 이해를 중시하는 교종이 우세를 보이다가 고려 말, 무신 정권이 들어서면서 선종이 득세하게 됩니다. 왕실과 문신 귀족은 체계와 축적을 중요시하는 교학적이고 이론적인 교종을 선호했지만, 기존의 체제에 불만을 품고 무력으로 정권을 잡은 무인들은 경전의 이론적 이해 없이도 부처가 될 수 있다는 해체적이고 해방적인 사상을 담은 선종을 지원하게 되었습니다. 이를 통해 우리는 고려시대 교종과 선종의 부흥이 우연의 결과가 아닌, 정권의 정당성이나 입지를 강화시키는 사상적 동반자 역할을 했다는 것을 알 수 있습니다. 교종에게 눌려 있던 선종이 득세를 하면서 승려들은 경전의 연구와 수행을 게을리하고 어떤 방탕한 짓을 해도 자신은 청정한 부처라는 주장만을 내세우는 광선(狂禪 : 미친 선)과 치선(癡禪 : 어리석은 선)으로 치달았습니다. 지눌은 이 모습을 보고 『진심직설』에서 이렇게 말했습니다.

"요즘 공부한다는 승려들의 모습을 볼 때, 자신이 본래 부처의 성품을 가지고 있다는 것만 알았지, 수행을 하려고 들지 않는다. 어찌 이렇게 하고서도 부처의 마음을 찾을 수 있겠는가? 게으르고 나태한 모습으로 나쁜 길에서조차 벗어나지 못하니, 하물며 생사를 벗어나는 것은 말해서 무엇하리요. 근래 승려들의 이러한 모습은 매우 애석한 일이다."

지눌의 정혜결사 당시를 그림으로 표현한 벽화. 화면 가운데 위치한 지눌의 손에 들려 있는 종이는 『권수정혜결사문』이다. 순천 송광사.

    지눌은 『진심직설』을 쓰기 전인 1190년에 팔공산 거조사(현재 팔공산 거조암)에서 결사結社를 조직했습니다. 오랜 기간 왕실, 귀족들과 연계하면서 타락해버린 교종과, 경전과 문자를 버리고 '몰록 깨달음'에만 집착하는 선종의 풍토를 쇄신하기 위한 신앙 결사 운동이었습니다. 그 운동의 선언문인 『권수정혜결사문勸修定慧結社文』을 살펴보면 세속을 떠나 산림에 은둔하며 선정(禪定 : 선종)과 지혜(智慧 : 교종)를 함께 추구해 선종과 교종으로 극단적으로 나누어진 기존의 불교를 개혁하겠다는 의지를 드러내고 있습니다.

물론 선종과 교종의 병합은 지눌 이전에도 대각국사 의천(義天, 1055~1101)에 의해 시도된 바 있지만, 교종 중심에서 선종을 받아들였다는 점에서 선승인 지눌 스님과는 다른 입장에 있습니다. 정혜결사의 또 다른 목적은 선종에 교학을 접목시킴으로서 치선과 광선을 일삼던 승려들의 수행과 공부를 독려하기 위함이었습니다.

지눌은 10년 뒤인 1200년에 송광산 길상사(현재 조계산 송광사)로 근거지를 옮겼고, 당시 무신 정권의 최고 실력자인 최충헌의 지원을 받아 수선사修禪社라는 절의 이름을 사액받게 됩니다. 수선修禪이란 이름이 상징적으로 드러내듯, 선종의 가장 중요한 지침서로 여겨지는 『육조단경』을 남긴 6조 혜능이 '닦을 것이 없다'라고 갈파한 선이 고려의 보조 국사 지눌에 와서 수행의 범위에 포함된 것입니다. 그러나 개혁을 표방한 지눌의 결사는, 제자들이 무인 집권층과 직접적으로 결탁하며 불교의 중심 세력으로 자리잡자, 점점 보수화되면서 선종 특유의 활력을 잃어갔습니다.

이번에는 성철 스님을 살펴보겠습니다.

조선의 불교는 숭유억불 정책에 500년간 신음하며 이렇다 할 변혁과 개혁을 이루어내지 못했습니다. 조선이 망하고 일제가 조선을 식민지로 지배하는 동안 일본 불교의 영향을 받은 한국 불교는 대처승이 늘어나면서 치열한 수행을 통해 깨달음을 얻으려는 선종의 기풍이 거의 사라져버린 상태였습니다. 이런 상태에서 해방을 맞이한 불교계는 극심한 혼란에 빠져들었습니다.

　1947년 성철을 필두로 한 청담, 자운, 우봉 등의 승려가 '이익 관계를 떠나서 오직 부처님 법대로 한번 살아보자'라는 기치 아래 불교의 쇄신과 선종의 기풍 확립을 위해 희양산 봉암사에서 결사를 이루었습니다. 이를 '봉암사결사'라고 합니다. 이들은 신중단에게 예배를 드리는 것을 피하고 대승 불교의 골수를 담은 『반야심경』을 봉송하는 것을 원칙으로 본래 불교의 의미를 되찾으려 노력했습니다. 그 후 십수 명의 승려들이 가담하면서 결사의 규모는 커졌고, 소문이 퍼져나가면서 봉암사는 치열하게 수행을 하려는 승려들의 요람 구실을 했습니다. 결국 봉암사결사는 이후 '불교 정화 운동'의 진원지가 되었고 현대사의 질곡 사이에서 우여곡절 끝에 현재의 한국 조계종 종단이 성립되는 시발점 역할을 하게 되었습니다.

　봉암사결사의 대다수 주역들은 이후 조계종의 종정과 총무원장 자리를 역임하면서 새로운 불교의 주축이 되었습니다. 이러한 들뜬 분위기 속에서도 정작 성철은 도반들이 주축이 된 '불교 정화 운동'에 동참하지 않았고 분규가 정리된 후에도 종단의 일에 개입하지 않았습니다. 오롯이 수행자의 길만을 고집한 성철은 종단의 끝없는 요청에 못 이겨 81년 종정이란 상징적 직위를 수락했지만 스님은 끝까지 해인사를 떠나지 않고 수행과 후학을 양성하는 데 힘을 쏟았습니다.

　후학 양성과 불교 쇄신을 위한 성철의 활동 중 중요한 의미를 가지는 것은 1967년 해인총림의 방장으로 취임하면서 사부대중을 위해 하루에 두 시간씩 100일 동안 법문을 펼친 '백일법문'이었습니다. 성철은 이 법문을 통해 선종의 법맥과 불교 교리들을 선명하게 정리하면서 승려들에겐 수행에 필요한 안목을 제공했고, 기복 불교, 장례 불교에 찌든 일반인들에겐 새로운 불교의 눈을 뜨게 해주었습니다. 성철은 이후 법문과 저술 활동을 통해 지눌의 견해에 대한 준열한 비판을 가하면서 교학적인 방법을 통한 선이 아닌 화두참구라는 정통 선종으로 돌아가자고 역설했습니다. 이것은 비단 지눌이란 개인의 불교관을 비판하는 데 국한된 문제가 아니라, 그간 '원융'과 '회통'이라는 미명 아래 선종과 교종이 어설프게 결합된 채로 머물러 있는 한국 불교의 수행 풍토에 대한 비판이었습니다.

조계종의 가장 큰 어른이자 상징적 인물인 종정이 도리어 조계종의 내부를 향해 비판의 칼날을 겨누었다는 것은 선사 특유의 호방함과 청빈한 수행승으로서의 치열한 정신이 있었기에 가능한 일이었습니다. 올바른 깨달음의 길을 가는 데 있어 자신이 속한 종단이나 직책, 문중에 얽매이지 않겠다는 치열한 구도의 자세야말로 지금까지도 조계종 불자들이 가장 존경하는 승려로 성철을 첫 번째로 꼽는 이유일 겁니다.•

성철은 깨달음을 판단할 수 있는 기준인 '삼관돌파三關突破'라는 관문을 제시했습니다. 삼관돌파란 깨달음의 단계 중 세 가지를 다 돌파

• 불교 교양 대학 20곳의 재학생 1,000명을 대상으로 설문 조사를 한 결과, 가장 존경하는 스님으로는 1993년 열반한 성철 스님(19.4%)이 뽑혔고 원효(12.6%), 법정 스님(6%)이 그 뒤를 이었다. 2008. 12.31 〈연합뉴스〉.

해야 진정한 깨달음으로 볼 수 있다는 뜻으로, 첫 번째 단계는 일상 생활을 하면서 화두를 놓치지 않는 단계인 '동정일여動靜一如', 두 번째 단계는 잠을 자고 꿈을 꾸면서도 화두를 챙길 수 있는 단계인 '몽중일여夢中一如', 마지막으로 꿈조차 꾸지 않는 무의식의 잠의 세계에서도 화두가 생생히 살아 있는 단계인 '숙면일여熟眠一如'를 말합니다. 이로써 어설피 경전을 읽거나 화두를 머리로 이해한 뒤, 최고의 깨달음을 얻었음을 운운하던 일부 승려들과 일반인들에게 수행의 새로운 방법과 깨달음의 규준을 제시했고, 깨달은 뒤에는 반드시 선지식의 인가를 받도록 해 잘못된 길로 빠지지 않도록 했습니다.

성철은 교학에 치우쳐 참선을 도외시하거나 잿밥에 눈이 어두워져 수행을 게을리하는 승려들은 물론 기복 불교란 신앙 행태를 유지하던 불자들에게 '화두참구'라는 전통 선종의 수행 방식으로 돌아가게 함으로써 한국 불교를 혁신하려고 한 것이었습니다. 성철의 노력으로 화두참구를 통해 깨달음을 이루려는 기운이 불교계 전반에 부흥했고, 이러한 분위기는 곧 전국 각지의 사찰에 전문 선원이 생기고 일반 불자들도 화두참구를 수행으로 받아들이는 상황으로 발전했습니다. 그러나 근래에 들어선 간화선 위주의 화두참구에만 매몰되어가는 한국 불교에 대한 비판의 목소리가 여기저기서 터져 나오고 있습니다. 역사는 이렇게 돌고 도는 것입니다.

위에서 살펴본 바와 같이, 지눌과 성철은 부처의 본래의 가르침에서 점점 멀어져 타락하고 보수화되어가는 불교계를 쇄신해 참다운 수행과 깨달음이 살아 있는 불교로 한국 불교를 재정립하고자 했습니다.

지눌과 성철은 각자 주장하는 바는 달라도 그 목적에 있어서는 동일하다는 것을 알 수 있습니다. 아직도 돈오돈수와 돈오점수에 관한 학자들 간의 이견이 분분하지만, 학자들의 논쟁은 논쟁대로 빈약했던 현대 불교 철학을 풍성하게 하고 발전시키는 중요한 계기로 작용했고, 지눌과 성철의 깨달음과 수행관의 차이는 승려와 불자들에게 수행 지침의 다양성을 제공하는 계기가 되었습니다. 그러나 800년의 시차를 두고 태어난 지눌과 성철 간의 비판과 대화를 단순히 완료된 과거로 이해해선 안 될 것입니다. 지눌과 성철은 역사의 수레바퀴가 굴러가는 한 계속 반복될 수밖에 없고, 또 반복되어야만 하는 '쇄신을 향한 인간의 끝없는 몸짓'이라는 원형을 상징하고 있기 때문입니다.

부득이하게 '존재의 전일적 변화'라는 말을 썼지만, 우리가 어떤 다른 존재로 탈바꿈한다는 뜻은 아닙니다. 선종의 기본 입장은 앞(일곱 번째 이야기 참조)에서도 살펴보았듯 우리 자체가 이미 부처이고 불성을 가진 존재임을 전제로 하는 것입니다. 그러므로 그 깨달음이란 저속한 나에서 고결한 어떤 존재로의 비약적인 변화나 향상을 의미하는 것이 아니라, 그저 본래의 나를 찾은 상태를 의미합니다. 우리가 깨달음을 굉장한 본질의 변화나 존재의 탈바꿈으로 착각하는 이유는 상태에 따라 본질도 바뀐다고 생각하기 때문입니다. 그러나 상태의 변화로 본질까지 변화한다고 생각하는 것은 불교에서 가장 경계하는 생각입니다. 왼쪽 호주머니의 돈을 오른쪽 주머니로 옮겼다고 우리가 가진 돈이 늘거나 줄지 않는 이치와 같습니다. 그러나 불교의 더욱 놀라운 점은 그 본질이란 것도 본래 없다고 말하는 것일 겁니다(86쪽 혜능의 게송 참조).

천태종, 화엄종, 열반종, 정토종 등 많은 종파는 어떻게 생긴 건가요?

　수많은 불경 중 어느 경전을 가장 중요한 가르침으로 삼느냐에 따라 종파가 갈라지게 되었습니다. 불교가 중국에 들어오면서 대승 경전의 편찬 과정을 알지 못했던 중국인들은 모든 불경을 석가모니가 직접 설했다고 믿었습니다. 그런데 경전들을 공부하다 보니 서로 상반되고 어긋나는 교리들을 발견하게 되면서 경전의 형식, 방법, 순서, 내용 등을 분류해 체계를 세워 정리할 필요성을 느끼게 되었습니다. 이를 '교상판석敎相判釋'이라 하는데 줄여 '교판敎判'이라고도 합니다. 중국에서 발달한 교판은 분류자의 인간관과 철학에 따라 다르게 분류되었습니다. 그 중 사상적으로 가장 원숙하고 유명한 것이 천태종의 교판론과 화엄종의 교판론입니다.

　천태종의 교판론은 오시팔교五時八敎로 대표됩니다. 불경을 다섯 시기와 여덟 가지 수준의 가르침으로 나눈 것입니다. 오시는 붓다가 도를 이룬 후 21일 동안 자신의 깨달음을 점검하면서 『화엄경』을 설했다는 화엄시, 그 후 12년 동안 소승 경전에 속하는 『아함경』을 설했다고 하는 녹원시, 그 다음 8년간 『유마경』과 『승만경』 등의 대승 경전을 설한 방등시, 방등시 다음 24년 동안 반야부 경전을 설한 반야시, 부처의 최후 5년간 『법화경』을 설법하고 열반에 들기 전 하루 동안 밤을 새며 『열반경』을 설법한 법화·열반시로 나눕니다(천태종의 이런 분류에 따라, 석가모니는 45년간 설법을 한 것이 아니라 49년간 설법을 했다는 논리가 나오게 됩니다). 천태종은 이 중 붓다가 깨달음이 가장 원숙하고 높은 시기에 도달했을 때 설한 것이라고 믿는 『법화경』을 가장 중요하게 생각했습니다.

　이에 반해 화엄종은 부처님의 말씀을 5교敎와 10종宗으로 세분합니다. 5교의 첫 번째는 소승교小乘敎로 소승 계열의 경전을 말하고, 두 번째는 대승시교大乘始敎로 공空 사상이 담긴 대승의 반야부 경전을 뜻하고, 세 번째는 종교終敎로 여래장 사상이 담긴 대승 경전, 네 번째는 돈교頓敎로 말이 단박에 끊어지고 진리의 성품이 곧장 드러나 이해하고 실천하는 것이 순식간頓에 드러나는 가르침, 다섯 번째 원교圓敎는 두루 원만하고 모자람이 없어 법을 설하는 이와 듣는 이가 다함이 없는 자유자재의 수준에 도달하는 가르침을 뜻하는데 이것이 바로 『화엄경』이라고 생각했습니다.

천태종은 석가모니가 깨달은 후 바로 설한 것이 『화엄경』이라 그 가르침이 너무 어려워 일반인들의 수준과는 맞지 않는 설법이라고 생각한 반면, 화엄종은 『화엄경』이야말로 우리가 이해해야 할 석가모니의 궁극의 가르침이라고 생각한 것입니다. 그리고 열반종은 『열반경』을, 정토종은 『정토삼부경』을 가장 중요한 가르침으로 받아들였습니다. 이렇듯 각자의 지향점과 취향에 따라 경전을 나누었고 그 중 무엇을 가장 중요한 가르침으로 받아들이냐에 따라 다양한 종파가 생겨나게 된 것입니다.

열세 번째 이야기

승려들이여, 결혼을 하라!?

'승려의 결혼 허용'을 주장한 만해

님은 갔습니다. 아아, 사랑하는 나의 님은 갔습니다.
 푸른 산빛을 깨치고 단풍나무 숲을 향하야 난 적은 길을 걸어서, 참어 떨치고 갔습니다. – 한용운의 〈님의 침묵〉 앞 부분

만해 한용운이라는 이름을 듣는 순간 떠오르는 몇 가지가 있습니다. 승려, 민족 대표 33인, 독립 운동가, 그리고 〈님의 침묵〉을 쓴 시인. 일반적으로 사람들은 독립 운동가나 시인인 한용운에 초점을 맞추는 바람에 승려로서의 그의 활동에는 관심이 덜한 편입니다. 하지만 그는 일제 치하 한국 불교를 지키기 위해 『조선불교유신론』을 쓰고 불교 개혁 운동을 펼쳤던 탁월한 불교 운동가였습니다. 그런데 만해가

만해가 주석했던 백담사에는 국민의 원성과 감옥살이를 모면하고자 백담사로 숨어들어 온 전두환 전 대통령이 기거했던 방이 기념관처럼 보존되어 있다. 이 역사의 아이러니 앞에서 만해의 님은 아직도 침묵 중이다. 인제군 백담사.

『조선불교유신론』에서 주장한 내용을 살피다 보면 놀랄만한 구절이 등장합니다.

'승려의 결혼을 허용할 것'

분명 승려들은 독신으로 살아야 하는 계율이 있는데 근대 한국 불교의 쇄신을 이끌었다는 만해의 입에서 어떻게 이런 말이 나왔을까요? 만해는 흔히 말하는 '땡중'이었던 걸까요? 그 말의 맥락을 알아보기 위해선 만해가 살았던 시절로 돌아가야 합니다.

삼국시대에 왕과 귀족의 비호와 지원 아래 체제와 신분 질서 강화 기능을 하며 융성했던 불교는 고려시대에도 그 영향력을 잃지 않았습니다. 그러나 오랜 세월 동안 집권 세력의 비호를 받아온 불교는 부처의 가르침을 지키지 못하고 퇴폐와 악습으로 물들어갔습니다. 자정 능력과 교화 기능이 상실된 고려의 불교는 많은 사회적 병폐와 종교적 폐단을 불러와 조선시대에 접어들자 주자학으로 무장한 사대부들은 불교에 철퇴를 내리기 시작합니다. 사회를 이끄는 지도 원리가 불교에서 성리학으로 바뀐 겁니다. 이것이 바로 조선의 숭유억불 정책이었습니다.

고려시대까지 세금을 면제받고 부역에서 자유롭던 승려들이 조선시대에 접어들면서 나라의 노역과 잡일에 동원되게 되었고 노비와 백정과 같은 신분으로 취급되어 도성 내의 출입도 금지 당했습니다. 절들은 사대문 밖으로 쫓겨났고 유생들은 절의 물건을 마음대로 가져다 쓰거나 승려들을 종처럼 부리고 학대했습니다.

조선시대 500년을 보내는 동안 불교는 사회적 기능을 상실하고 민간 신앙과 더욱 밀착해 개인적 행복만을 추구하는 기복 신앙으로 기울어갔고, 이러한 불교를 쇄신하고 개혁할 인물도 등장하지 못했습니다. 사대부들과 왕의 지원을 받지 못한 조선의 불교는 왕실 여자들과 민중들을 상대로 기복 신앙과 장례 의식을 파는 종교로 쪼그라들었습니다. 이렇게 명맥만 유지해오던 한국의 불교는 또 다시 큰 시련을 맞게 됩니다.

조선이 일본의 식민지가 되었던 한일합방(1910년) 전인, 1876년의 한일우호조약 때부터 부산을 비롯한 주요 도시가 개항되면서 일본의 불교가 이 땅에 들어오게 되었습니다. 그런데 당시 일본의 불교는 사회적, 실천적 기능을 이미 상실한 상태로 일본의 제국주의를 강화하고 돕기 위한 목적을 가지고 이 땅에 상륙했습니다. 일본은 어용적인 일본 불교를 이용해 조선 침략의 발판을 놓았던 것이죠. 이러한 분위기에서 일본의 승려 '사노'가 일본 공사관의 후원 아래 조선의 고위 관료들과 접촉해서 한국 승려들의 도성 출입을 허용할 것을 건의하자 수백 년 동안 금지되었던 승려의 도성 출입이 허용되었습니다.

그러나 자신이 해야 할 일을 남이 대신해주면 항상 대가가 따르는 법입니다. 이를 기화로 조선의 불교와 승려들은 일본과 일본 불교에 대해 호감을 가지게 되었고, 점점 일본의 의도에 따라 놀아나는 상황으로 치닫게 되었습니다. 사노가 속한 일본의 일련종이 한국의 불교를 흡수하려다 실패한 뒤, 일본의 정토종이 합병을 획책하는 와중에 한국 불교를 대표한다고 주장하는 승려들이 모여 원종을 세우고 스스로 일본의 조동종으로 들어가려는 움직임까지 나타났습니다.

이에 의식 있는 승려들은 원종의 대표성을 배척하며 반조동종 운동을 펼치게 됩니다. 그러나 이러한 반조동종 운동에도 불구하고 한일합방이 되자 총독부가 7개조의 사찰령을 발표하면서 직접적으로 사찰들을 통제하고 관리하기에 이르렀습니다. 사찰령의 내용을 보면 사찰의 병합, 이전, 폐지, 명칭 이전, 재산의 처분은 조선 총독의 허가를 받도록 하고, 주지가 사찰의 중심이 되는 제도와 전국 사찰을 본말사로 묶는 내용을 그 골자로 했습니다. 사찰령은 총독부가 한국 불교를 손쉽게 다룰 수 있는 시스템을 구축하려는 의도에서 제정되었던 것입니다.

일본 불교에 의해 한국 불교가 완전히 잠식될 것을 걱정했던 승려들은 일반 민중과 유리된 종래의 한국 불교를 쇄신하기 위해 불교 개혁 운동을 활발하게 펼쳐나갔습니다. 백용성의 대각교 운동, 백학명의 반농반선半農半禪 운동, 박중빈의 조선 불교 혁신 운동. 만해의 조선 불교 유신 운동이 바로 그것입니다.

만해는 『조선불교유신론』을 통해 산중에 틀어박혀 포교 활동을 등한시하고 기복적 신앙으로 기울어져 부처의 참 뜻을 찾지 못하는 불교의 현실을 비판하고 석가모니의 참된 가르침으로 나아가기 위한 방법으로 12가지 방법을 제시했습니다.

1. 승려들의 현대 교육 2. 올바른 참선을 할 수 있게 지도할 것 3. 염불당 폐지 4. 포교의 현대화 5. 사찰을 도시로 옮길 것 6. 사찰은 산신, 칠성 등의 기복적이고 무속적인 신앙을 없애고 석가모니불만 봉안할 것 7. 사찰 의식의 간소화 8. 승가의 경제적 자립 9. 승려의 결혼 허용 10. 주지는 선거를 통해 선출 11. 승가의 화합 12. 사찰의 통할統轄

그런데 왜 '승려의 결혼 허용'이란 희한한 내용이 여기에 포함된 것일까요? 만해가 '승려의 결혼'을 통해 의도했던 것은, 금욕을 지키는 것처럼 보이면서도 실상은 음행과 삿된 짓을 일삼는 승려들의 이중성을 고발하며, 더 나아가 승려들도 세속의 불자들과 같은 생활을 하게 함으로써 현실과 괴리된 불교를 세상과 접목시키려는 시도였습니다. 계율은 남들의 눈에 보이기 위한 것이 아닌 깨달음을 위해 마음으로 지켜야 한다는 계율 본연의 의미를 되살리려고 했던 것이죠(열두 번째 이 야기 중 '석가 VS 데바닷타' 참조).

석가모니가 비구를 향해 "네 성기를 여성의 그것에 집어넣을 바엔 차라리 불 속이나 독사의 아가리에 집어 넣어라." 하고 말했던 것은 성행위 자체를 혐오해서가 아니라, 성에 집착하고 물드는 마음의 타락을 경계하고자 말했음을 만해는 알고 있었던 것입니다. 이성과 성관계를 하더라도 마음의 청정함을 지킬 수만 있다면 억지로 금욕하면서 마음을 산란하게 하는 것보다 석가모니의 본질적 가르침에 더 가까이 다가서는 것이라고 생각했던 겁니다. 그것은 마치 원효 대사가 요석 공주와 혼인해 설총을 낳았지만 여전히 위대한 승려이자 한국 불교계의 큰 스승으로 모셔지는 것과 같은 이치였습니다.

조계종단의 설립

불교 개혁을 위한 노력에도 불구하고 한국 불교는 일본 불교의 영향과 침체의 늪에서 빠져나오지 못한 채 해방을 맞이하게 되었습니다. 한국전쟁이 일어나고 남북이 분단된 상황에서 불교계는 다시 커다란 소용돌이 속에 휘말리게 됩니다. 독신으로 계율을 지키며 청정하게 살아야 함을 주장하는 비구측과 일본 불교 제도의 영향을 받아 결혼을 한 대처승들 간에 사찰 소유 문제로 분쟁이 일어났습니다. 그 분쟁은 1954년 5월에 이승만이 '대처승들은 사찰 밖으로 나가라'라는 내용이 담긴 '정화 유시'를 발표하면서 극으로 치달았습니다. 이승만이 이 유시를 내린 배경에 대해서는 설*이 분분하지만, 당시 대통령 중임에 관한 헌법을 개정해 정권을 연장하려는 의도를 가졌던 이승만의 자유당 정권이 세간의 이목을 돌리기 위해 불교계의 분규를 조장하는 '정화 유시'를 내렸다는 견해가 설득력을 얻고 있습니다.

비구승들은 정권의 유시를 등에 업고 '불법에는 대처승 없다'라는 구호를 내세우며 '불교 정화 운동'을 벌였습니다. 비구들이 의도한 '정화'는 대처승들을 불교계에서 축출하는 것이었습니다. 이에 격분한 대처승들도 '비구승들은 빨갱이 집단이니 해산하라'라는 과격한 성명을 발표했습니다. 결국 비구승들은 대처승들이 사용하는 태고사(현 서울의 조계사)의 간판을 조계사로 바꿔 달고 점거를 시도하는 등 양상은 폭력적인 방향으로 치달았습니다. 이후 전국의 절에서는 양측이 사찰의 접수를 위해 몽둥이와 쇠파이프를 주고 받고, 자살 소동이 일어나는 등의 지옥으로 변해버렸습니다. 심지어 독신 비구들이 결혼 문제로 대처승들을 자꾸 압박하자 대처승들은 공동으로 위장 이혼을 하는 사태까지 벌어졌습니다.

이에 대해 비구면서도 끝까지 불교 정화 운동에 참여하지 않았던 성철 스님은 '정화의 목적이 아무리 좋아도 그 방법이 온당치 못하면 결실을 맺기 어려울 것'이라고 꼬집었고, 수필집 『무소유』로 유명한 법

---

* 1. 이승만이 전국의 절을 돌다가 절간에서 아기 기저귀나 머리 기른 주지를 보게 되면서 유시를 내렸다는 설. 2. 당시 문교부 장관이나 비구가 건의를 했다는 설.

정 스님은 당시 『대한불교』 61~63호를 통해 〈부처님 전상서〉라는 글을 기고하며 불교 정화 운동의 문제점을 조목조목 짚으며 비구승으로서의 참담한 심정을 토로하기도 했습니다. 사태는 대처승들이 기존의 종단에서 분리된 태고종단을 만들면서 조금씩 갈피를 잡기 시작했고, 독신 비구들도 새롭게 종단을 정비하면서 현재 한국불교의 주류인 조계종단으로 이어져 내려오게 되었습니다.

하지만 불교의 본질적인 가르침에 입각해서 보자면 비구측이 불법에 어긋난다고 줄기차게 주장한 승려의 결혼 여부가 과연 '정화'의 대상이 될 수 있느냐 하는 문제입니다. 만약 승려들의 결혼을 허락하라고 주장했던 만해가 그 때까지 살아 있었다면 그 싸움을 보면서 어떤 표정을 지었을까요?

더 읽어 볼 책

『**나는 불교를 이렇게 본다**』 김용옥 (통나무)
한국 불교를 지배한 호국 불교와 기복 불교의 망상을 탁월한 논증으로 해체해 버리는 책이다. 저자의 거친 입담과 직설은 보는 이의 눈과 가슴을 시원하게 만든다.

『**불교풍속고금기**』 박부영 (은행나무)
사찰과 승려의 풍속을 50가지 테마로 나누어 상세히 풀어낸 책. 일반인들은 잘 알지 못하는 사찰 의식과 승려들의 대소사가 상세하게 기술되어 있다. 승려들의 세세한 풍속을 포착해 경전과 연결시켜 담아낸 책이 드물다는 점에서 의미를 지닌다.

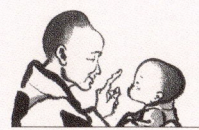 '중이 제 머리 못 깎듯'이란 속담이 있는데 정말 승려들은 자신의 머리를 못 깎나요?

검고 탄력 있어 윤기나는 머릿결은 보는 이의 마음을 휘어잡습니다. 머릿결뿐 아니라 헤어스타일은 패션에 있어 매우 중요한 요소입니다. 어떤 머리스타일을 하느냐에 따라 같은 사람이 다른 사람처럼 보이기도 합니다. 그런데 석가모니는 출가를 위해 성 밖으로 나오면서 제일 먼저 수염과 머리카락을 칼로 잘라버렸습니다. 왕자로서의 삶을 포기하고 수행자로서 새로운 길을 걷겠다는 의지의 표명이었습니다.

불교에서는 머리카락을 '무명초無明草'라 부릅니다. 어리석음의 풀이란 뜻이죠. 인간이 품은 어리석음은 머리카락처럼 매일매일 자랍니다. 승려들이 이 무명초를 베어 머리를 빛나게 하는 것은 자신의 마음 속 무명을 없애고 깨달음을 얻겠다는 결심과 세속의 관심과 평가에 연연하지 않겠다는 의지가 서린 행동입니다.

'중이 제 머리 못 깎듯'이란 속담은 출가자의 머리를 스승이 깎아주는 관습에서 나온 말입니다. 대개 큰 절의 승려들은 한 달에 두 번 머리를 깎습니다. 음력으로 보름 전날과 그믐 전날에 목욕탕에서 머리를 밉니다. 주로 솜씨 좋은 한두 승려가 많은 스님들의 머리를 날이 선 삭도로 상처나지 않게 밀어줍니다. 하지만 자그마한 사찰이나 혼자 기거하는 승려들은 면도칼로 자신의 머리를 직접 밀기도 합니다. 승려들도 자신의 머리를 손수 미는 시대가 되었습니다.

삭도(직지사 성보박물관).

열네 번째 이야기

세심사 가는 길

　가족 여행이나 수학 여행 때 이름난 사찰을 찾았는데 볼 것도 할 것도 없어 서둘러 나왔던 적은 없나요? 국보와 보물로 지정된 전각이나 탑 앞에 세워 놓은 안내판을 읽다가 대체 이 말이 한국어인지 외국어인지 헷갈렸던 경험은 없습니까? 온통 한자로 쓰인 현판 글씨나 기둥에 걸린 주련을 읽을 수 없어 답답했던 기억은요?
　아마 누구나 한번쯤은 이런 경험들을 가지고 있을 겁니다. 그래서 절에 간다는 말이 나오면 머리가 지끈거리고, 수학 여행이나 답사지로 절을 선택하는 사람들을 도저히 이해할 수 없는 분들도 있겠죠.
　하지만 겉으로 냉정하고 무심하게만 보였던 이에게 말을 걸어 보니 의외로 재미있고 정이 많은 사람이라고 느낀 경험은 각자 지니고 있을 겁니다. 사찰이란 공간 역시 얼핏 보아선 지루하게 보이지만 알고 보면 재미있고 따뜻한 구석이 많은 곳입니다. 사찰 곳곳에서 역사적 인물과 건축, 미술, 불교 교리 등이 여러분이 눈길을 보내고 말을 걸어주기만을 기다리고 있습니다.

이제 가상의 절을 하나 만든 다음 여러분에게 소개해드리겠습니다. 여러분은 기존에 가지고 있던 사찰에 대한 편견이나 선입견을 없애고 사찰이 전하는 목소리와 눈빛에 귀와 눈을 열고 마련된 코스를 따라 천천히 발걸음만 옮기시면 됩니다. 절을 한 바퀴 돌고 난 후 사찰과의 인연을 거기서 끝낼지, 아님 더 진지하게 알아볼지는 여러분의 선택입니다.

제가 여러분께 소개할 가상의 절은 '세심사洗心寺'입니다. 한자를 풀이하면 탁해진 마음을 깨끗하게 씻는 절이란 뜻이지만 한글로만 보면 세심하고 섬세하다는 뜻으로 그냥 자신을 쓱 훑고 지나가거나 건성으로 대하는 사람에게는 마음을 열지 않는 절이기도 합니다. 약간은 도도한 세심사의 마음을 녹이러 들어가 봅시다.

산문

저 앞에 웅장하게 서 있는 문이 세심사로 들어가는 첫 관문입니다. 산문은 절이 시작되는 곳으로 저 문을 들어서면서부터는 마음을 경건하게 하고 목소리를 낮춰야 합니다. 고개를 들어 현판을 보니 '석가산 세심총림'이라고 큼직하게 써 있군요. 세심사는 석가산에 자리 잡은 규모가 큰 절인 모양입니다. 큰 절인지 어떻게 아냐면 총림이란 말 때문에 그렇습니다.

총림은 율원, 선원, 강원을 모두 갖춘 교육 시설이 있는 절로 승려들이 계율과 참선, 경전을 배우고 공부할 수 있는 도량을 말합니다. 현재

'국지대찰'이란 이름에 걸맞게 웅장한 산문의 지붕이 방문객들을 향해 반갑게 양 팔을 벌리고 있는 듯하다. 양산 통도사.

우리나라 조계종 사찰 중 총림으로 불리는 곳은 통도사, 해인사, 송광사, 수덕사, 백양사 다섯 개 사찰입니다. 아, 이 책에서는 가상의 절 세심사 덕분에 여섯 곳이라고 해야겠군요. 산문 앞으로 쭉 펼쳐진 흙 길이 보이시죠. 저 길로 곧장 걸어 들어가 봅시다.

사찰 진입로

아름드리 소나무가 빼빼이 들어찬 숲 가운데로 난 황톳길에선 싸한 풀냄새가 번져 옵니다. 알록달록한 깃털을 가진 산새들이 지저귀면서 머리 위를 비행하는 모습도 보이네요. 길가에 선 표지판에서 세심사까지 700미터는 더 가야 한다고 알려주고 있지만, 이런 길이라면 느릿느

숲 가득 떠도는 솔 향이 내리는 봄비와 어울려 호젓한 분위기를 자아내는 사찰 진입로. 양산 통도사.

릿 걸으며 자연의 숨결과 역사를 느껴 보는 것도 좋을 것 같습니다. 잠시 가던 길을 멈추고 눈을 감아 봅니다. 그러자 예부터 이 길을 드나들던 옛사람들의 모습이 하나 둘 떠오릅니다.

가장 먼저 반짝이는 눈으로 비장하게 입술을 깨문 채 발걸음을 재촉하는 젊은 승려의 모습이 얼핏 스칩니다. 굳은 각오로 치열하게 수행하고자 세심사 선원을 찾은 납자인 모양입니다. 그 앞엔 부처님께 공양할 쌀을 들고 힘겹게 걸어가는 할머니의 모습도 보입니다. 무언가를 간절하게 빌러 절을 찾으신 것 같군요. 저 멀리에는 말을 타고 절로 들어오는 관리가 있습니다. 아마 세심사에 주석하는 큰 스님에게 국사나 왕사가 되어달라는 왕의 전갈을 전하러 오는 것 같습니다. 관리의 몇 발자국 뒤로 삿갓을 쓰고 지팡이를 짚은 선비의 모습도 보입니다. 등에 멘 괴나리봇짐이 꽤 두툼한 걸로 보아 전국을 떠돌며 시를 쓰고 문장을 짓는 사람인가 봅니다. 세심사의 승려와 친분이 있어 오는 길인지 풍광이 아름답다는 소문을 듣고 찾은 것인지 짐작하기 어렵지만, 그가 오늘 세심사에 들러 어떤 글을 남길지 궁금해집니다.

길 왼편에서 졸졸졸 들려오는 물소리에 흠칫 놀라 눈을 뜹니다. 숲 바로 아래에는 맑은 물이 흐르는 계곡이 있었군요. 청아한 소리를 내며 흘러내리는 계곡물에 손이라도 담그고 가야 할 것 같습니다.

홍예교

젖은 손을 바람에 말리며 얼마쯤 걸어 올라가다 보니 석교가 나타납니다. 묵직한 돌들을 쌓아서 무지개 모양으로 축조한 세심교입니다. 시멘트나 철근 없이도 쌓은 돌들끼리 서로 밀면서 지탱해 튼튼한 아치형 돌다리가 만들어졌다는 게 놀랍기만 합니다. 다리는 주변의 바위나 나무와 어우러져 소박하고 정겨운 모습으로 계곡을 가로지르네요.

우뚝 솟은 콘크리트 건물에 탄성을 지르던 우리에게 홍예교(무지개 다리)는 자연과 융화하는 아름다운 건축이 어떤 것인지 새삼 알려주는 것만 같아 부끄러운 기분이 듭니다. 다리를 천천히 건너며 다리 아래를 시원하게 흐르는 물을 바라봅니다. 마치 물이 이렇게 속삭이는 것 같군요. 이 다리를 건너는 동안 마음에 남아 있는 욕심과 미움 따위는 흐르는 물소리에 다 씻어내고 세심사로 들어가라고 말입니다.

홍예교. 무지개 모양의 다리는 그 자체로도 아름답지만, 물에 비치는 순간 완전한 깨달음을 의미하는 원(圓)의 형상을 만들어낸다. 순천 송광사.

부도전

  다리를 건너자 길 오른편으로 이끼가 잔뜩 낀 자그마한 담장이 나오네요. 고개를 빼어 낮은 담장 안을 넘겨다 보니 비석과 부도탑들이 올망졸망 모여 있습니다. 세심사에서 수도한 역대 승려들의 사리를 모셔 놓은 탑과 행적을 담은 비석들을 모셔 놓은 곳이라고 합니다. 세심사를 다 돌아보고 나오는 길에 저기 잠시 들러 어느 스님이 이 곳에서 살았고, 어떤 삶을 살았는지 비석 뒤편에 쓰인 비문을 읽으면서 알아봐야겠습니다. 저 비석들 중엔 추사 김정희가 세심사에 있던 어느 승려를 위해 직접 쓴 비문도 있다고 하니 추사의 글씨를 가까이서 볼 수 있는 좋은 기회일 것 같군요.

승려의 사리를 담은 부도들이 줄을 맞춰 서 있는 부도전. 양산 통도사.

영지

 이번에 우리를 맞이하는 것은 땅을 파서 만든 연못이군요. 연못 가운데엔 흰 연꽃과 분홍색 연꽃이 어울려 장관을 이루고 있습니다. 밑바닥이 보이지 않을 정도로 탁한 저 물에서 저렇게 정갈하고 소담스런 연꽃이 피어나는 게 마냥 신기하기만 합니다. 연꽃은 불교의 상징이기도 합니다. 더럽고 진창인 세상 속에서 피어나는 깨끗하고 맑은 연꽃처럼 살라는 것이 부처님의 가르침이니까요.

 그런데 왜 이런 곳에 연못을 만들어 놓았을까요? 두어 발자국 뒤로 물러나서 연못의 수면을 바라봅니다. 아까 길을 걸을 때부터 우리와 이마를 마주하던 석가산의 봉우리가 연못 안에 오롯이 담겨져 있네요.

영지는 사찰의 건립 내력에 관한 각종 전설과 설화를 품고있는 경우가 많다. 그래서 그림자 연못을 뜻하는 영지(影池)는 동시에 신령스러운 전설이 담겨 있는 영지(靈池)이기도 하다. 서산 개심사.

그림자를 담는 연못이란 뜻의 영지는 이렇게 산의 모습이나 탑, 사찰 등의 지상의 모습들을 물 안에 담아내는 아름다운 거울과 같은 역할을 합니다. 그리고 영지의 더 큰 의미는 절로 들어오는 이들에게 자신의 모습을 비춰보고 옷깃을 여미라는 뜻도 담겨 있습니다.

당간지주

영지를 지나 조금 더 올라가니 길가에 길쭉하게 생긴 석조물 한 쌍이 서 있네요. 아무리 살펴봐도 무엇에 쓰는 물건인지 짐작할 수 없는데, 안내판을 보니 당간지주라고 이름이 붙어 있군요. 원래 당간지주는 당간을 지지하기 위해 만들어 놓은 석조물을 말합니다. 당간은 당간지주 사이에 끼워 놓은 기다란 굴뚝 모양의 구조물로 그 위에 당(깃발)을 다는 도구였습니다. 마치 국기게양대의 철제봉과 흡사한 기능이라고 생각하면 됩니다. 절에 행사가 있거나 법회가 있으면 당간에 깃발을 달아 멀리서도 볼 수 있게 만들어 놓은 구조물이죠. 그런데 세심사에는 세월이 흐르면서 당간과 깃발은 파손되고 그것을 지탱해주던 당간지주만 남아 있네요. 과연 어떤 모양의 당간이 저 당간지주 사이에 끼워져 높이 솟아 있었을까 상상해 보는 것도 흥미로운 일입니다.

당간지주. 대부분 오랜 세월의 풍파를 겪으면서 철로 만들어진 당간은 군수물자나 생활용품을 위한 용도로 뽑혀 사라지고 당간지주만 덩그러니 서 있는 경우가 허다하다. 서산 보원사 터.

일주문

어느 새 우리는 법당에서 울리는 목탁 소리를 들을 수 있을 만큼 세심사와 가까워졌습니다. 절 쪽으로 다가서니 단아하게 생긴 건축물이 먼저 우리를 맞이합니다. 기와 지붕을 이고 있지만 사람이 들락거리는 관문처럼 생겼네요. 바로 일주문입니다. 기둥이 하나라는 뜻의 일주문은 아무리 보아도 두 개의 기둥으로 되어 있습니다. 왜 기둥이 하나인 문이라고 했을까 생각하며 주위를 돌다 보니 정답을 알 것도 같

일주문. '영취산통도사'란 현판은 흥선대원군의 글씨이고 양 기둥에 붙은 '불지종가', '국지대찰'이란 글씨는 근대 서예가인 해강 김규진의 작품이다. 양산 통도사.

습니다. 일주문을 옆에서 바라보는 순간 기둥이 딱 하나로 합쳐져 보이네요.

그런데 이 문을 일주문이라고 이름붙인 더 중요한 이유가 있습니다. 흐트러지고 산란한 마음을 하나의 기둥처럼 합쳐 이 문을 통과하라는 가르침이 포함되어 있습니다. 그런데 일주문 이마에 걸린 현판을 보니 '석가산 세심사'라는 글씨가 걸려 있고 석파石坡라는 이름과 낙관이 찍혀 있네요. 석파는 흥선대원군의 호인데… 아, 그리고 보니 흥선대원군이 이 절에 잠시 머문 적이 있다고 했는데 그 때 아마 이 현판 글씨

천왕문. 절을 찾은 이들을 가장 긴장하게 만드는 공간이다. 하동 쌍계사.

를 써준 모양입니다. 역사 책에 나왔던 흥선대원군의 친필을 보니 기분이 묘해집니다.

천왕문

마음을 정갈하게 모으고 일주문을 넘으니 천왕문이란 편액이 걸린 건축물이 나오네요. 조심스레 컴컴한 천왕문 안으로 발을 집어 넣는 순간 하마터면 비명을 지를 뻔 했습니다. 좌우로 무시무시하게 생긴 커다란 장수 네 명이 눈을 부릅뜨고 있군요. 이 장수들을 사대천왕이나 사천왕이라 부르는데 사찰을 지키고 불법을 수호하는 수문장입니다. 원래 인도의 토속신으로 이후 불교에 흡수된 신들입니다.

천왕문 안에 조성된 지국천왕과 다문천왕. 양산 통도사.

　사천왕의 험상궂은 인상과 큰 덩치는 악귀들을 힘으로 제압하고 표정만으로도 근처에 얼씬거리지 못하게 하기 위해서입니다. 사대천왕은 각각의 이름이 있는데 지국천왕持國天王은 검劍, 광목천왕廣目天王은 탑塔, 증장천왕增長天王은 용龍, 다문천왕多聞天王은 비파琵琶를 손에 들고 동서남북 각각의 방위를 지키고 있습니다. 빨리 자리를 뜨고 싶은 마음은 이해하지만, 천왕문을 빠져 나가기 전에 사천왕의 발 아래는 보고 가야겠습니다.

　사천왕의 거대한 발 아래에 짓눌린 악귀들이나 사람들의 형상(생령좌)이 보일 겁니다. 불도를 어기고 나쁜 짓을 많이 하다 저런 모습으로 짓눌려 있다고 합니다. 그런데 그 모습들이 마치 영화 〈반지의 제왕〉에 나온 골룸의 모습과 흡사해 웃음이 나오네요. 사천왕 상들의 근엄한 표정은 삿되고 악한 마음을 버리고 절로 들어오라는 매서운 경고이기도 하지만, 사천왕들의 발 밑에 깔린 악귀들의 익살맞은 표정과 자세는 천왕문이 그저 무섭고 두려운 공간만이 아닌 웃음과 해학성을 갖춘 넉넉한 공간임을 말해주고 있습니다. 사찰에 따라서는 금강문(인왕문)이 천왕문을 대신하기도 하는데 금강문에는 금강역사들이 상반신을 벗은 채 근육을 꿈틀거리며 있습니다. 금강문도 천왕문과 마찬가지로 불법 수호와 악귀 퇴치를 상징하는 사찰의 수문장 역할을 합니다.

사찰마다 다양한 표정과 모습을 하고 있는 생령좌.

범종루(범종각)

천왕문을 나서서 왼편을 보니 커다란 범종이 매달린 높은 건축물이 보이네요. 그 옆에는 목어도 이빨을 드러낸 채 걸려 있군요. 계단을 올라 종루를 조금 더 구경해 볼까요? 올라 보니 아래에선 보이지 않던 구름 모양으로 생긴 운판과 큰 북도 있네요. 종루는 불교 의식과 예불 때 쓰이는 범종, 목어, 북, 운판의 네 가지 물건을 모아 놓은 곳입니다. 네 가지 물건이라 해서 사물이라 부르기도 합니다.

범종루. 경관을 조망을 할 수 있도록 높이 지어진 건축 양식을 루(樓)라고 한다. 양산 통도사.

범종루 안의 사물. 서울 개운사.

불교에서 의식이나 예불 때 사물을 사용하는 이유는 사물에는 각각 뜻이 담겨져 있기 때문이죠. 물고기 모양의 목어는 수중에 사는 생명들을 위해 울리고, 구름 모양의 운판은 하늘에 사는 생명, 북은 소가죽으로 만들어지므로 육지에 사는 생명들을 위해 치는 것입니다. 사물 중 가장 크고 멀리 퍼지는 소리로 우리의 가슴을 촉촉하게 만드는 범종은 지옥에서 고통받는 중생들이 그 종소리가 울리는 동안 부처의 법력으로 잠시 쉴 수 있게 하기 위해서 울린다고 하네요. 범종은 이러한 이유 외에도 승려들을 모으거나 승려의 열반을 알리기 위해 사용하기도 하지만 종소리를 듣는 이들이 웅장하고 맑은 소리로 인해 무명에서 벗어나 깨달음을 얻고 청정한 마음을 지니라는 의미도 함께 가지고 있습니다.

그런데 절의 사물과 북, 꽹과리, 장구, 징으로 이루어진 민속의 사물놀이와는 어떤 관계가 있을까요? 사물놀이 악기의 근원이 된 것이 불교의 사물입니다. 큰 북은 북으로, 운판은 꽹과리로, 목어는 장구로, 범종은 징으로 작게 축소되어 우리 민족의 흥을 표출하는 사물놀이의 악기가 된 것입니다. 불교와 우리의 전통 유산은 이렇게 밀접한 관계를 맺고 있기에 절을 찾는 것이 곧 우리의 전통 문화를 더욱 잘 이해하는 방법이 되기도 합니다.

불이문(해탈문)

종각에서 내려오니 또 다른 문이 나옵니다. 부처님을 만나러 가는 길이 참 멀고도 험하네요. 현판을 보니 불이문이라고 쓰여 있습니다.

불이문. 부산 범어사.

우리 몸에는 우리 땅에서 난 것이 좋다는 '신토불이'란 말은 들어 봤는데, 저 불이문의 '불이'는 무슨 뜻일까요? 절집에서 쓰는 '불이'란 진리는 둘이 아니라는 뜻입니다. 풀어 보면 중생과 부처가 둘이 아니고, 은인과 원수가 둘이 아니고, 기쁨과 슬픔이 둘이 아니고, 삶과 죽음이 둘이 아니란 말입니다. 이 불이의 뜻을 깊이 깨우쳐야만 비로소 부처가 될 수 있다는 뜻으로 만든 문입니다. 불이를 깨우치면 해탈을 한다고 해서 불이문은 해탈문으로 불리기도 합니다.

그러고 보니 세심사 불이문 기둥에 '입차문례 막존지해'라고 쓰인 주련이 걸려 있네요. 이 문을 들어서는 자는 세속의 이분법적 알음알이를 내지 말라는 뜻이죠. 불이문이란 현판과 딱 어울리는 문구를 주련으로 걸어둔 겁니다. 어서 불이문을 통과해 부처님을 만나러 가 봅시다.

탑과 등

여러 관문을 통과해 금당이 늘어선 절 마당으로 들어 섰습니다. 그런데 마당에 서 있는 삼층석탑이 금당으로 곧바로 들어가지 말고 자기를 봐 달라고 손짓하네요. 마음씨 좋은 우리는 석탑 앞에 잠시 머물도록 하겠습니다. 그런데 보살님들이 탑을 향해 절을 하고 지나가시네요. 왜 탑을 예배하는 것일까요?

우리는 절이라고 하면 불상을 먼저 떠올리지만 사실 탑은 불상보다 더 오랜 역사를 지닌 부처님의 상징이었습니다. 석가모니 열반 후 500년이 지날 때까지 부처의 모습을 딴 불상은 제작되지 않았습니다. 성스러운 부처님을 감히 마음대로 조성할 수 없다고 생각했던 거죠. 하지만 부처님을 상징적으로 나타내는 조형물은 필요했습니다. 그것이 탑이었습니다. 우리가 쓰는 탑은 탑파塔婆의 줄임말로 산스크리트어 '스투파stupa'나 팔리어 '투파tupa'를 한문으로 표기한 것입니다. 인도에서 탑이 만들어진 최초의 이유는 석가모니의 사리와 뼈를 봉안하기 위해서였습니다. 그런 연유로 사람들에게 탑은 곧 부처님이었고, 탑을 신성하게 모셔 예배를 하고 참배를 하게 되었습니다. 우리나라에 있는 탑 또한 석가모니의 사리를 넣은 것도 있지만 사리의 수가 한정되어 모든 탑에 봉안하지 못하자 부처님의 말씀을 담은 경전이나 작은 불상으로 대체해 넣어 둠으로써 탑은 여전히 예배와 경배의 대상으로 이어

탑과 등. 구례 화엄사.

져 왔습니다.

참, 탑 옆에 차분하게 서 있는 석등을 무시하고 지나갈 수 없겠네요.

세심사뿐 아니라 대다수의 사찰 마당에는 탑과 함께 석등이 놓여 있습니다. 등의 기능은 불을 밝혀 어둠을 몰아내는 것이고 그것은 불교에서 무명을 몰아내고 자신을 밝혀 깨달음을 얻는 것을 상징합니다. 탑과 등은 함께 서서 부처와 부처의 깨달음을 상징하며 절을 찾는 이들을 인도하고 있습니다.

대웅전

마침내 신발을 벗고 세심사의 중심 전각인 대웅보전 안으로 들어갈 수 있게 되었군요. '대웅보전'은 큰 영웅을 모신 보배로운 집이란 뜻

금방이라도 후드득 날아오를 것만 같은 경쾌한 처마 선을 자랑하는 대웅보전. 부안 개암사.

입니다. 불교에서 큰 영웅은 바로 석가모니를 뜻합니다. 우리는 석가모니가 살고 있는 궁전으로 들어온 거죠. 보통 사찰에서 대웅전이라고 하는데 세심사는 석가모니불이 세심사의 주인공 위치에 있는 부처님이란 것을 알리기 위해 '보'를 집어 넣어 '대웅보전'이라고 이름 붙였네요. 불단을 살피니 촛불이 켜져 있고 향도 꽂혀 있어 따로 향을 피우거나 초를 켤 필요가 없겠군요. 금당 구석에 쌓여 있는 방석 중 하나를 집어 들고 불상의 정면에서 비켜난 자리에 놓습니다. 두 손을 합장을 한 채 마음을 낮추고 세상 만물과 우주의 모든 생명들이 고통에서 벗어나 깨달음을 얻기를 기원하며 삼배를 합니다.

삼배를 끝내고 불상을 바라보니 부처님은 은은한 미소를 지으며 왼손바닥은 뒤집어서 무릎 위에 가볍게 올려 놓고 오른손의 끝은 바닥을 향하고 있군요. 왼손은 선정禪定에 든 것을 의미하는 선정인禪定印이고 오른손의 모양은 항마촉지인降魔觸地印이라는 수인(107쪽 그림 참조)입니다. 항마촉지인은 석가모니가 깨달음을 얻은 직후에 마왕 파순의 방해와 유혹을 물리치고 땅의 신에게 자신이 깨달았음을 증명하라고 취한 자세입니다. 이렇듯 우리는 불상의 손만 보고도 어떤 부처인지 알 수 있는 거죠. 석가모니 옆으로 보관을 쓴 보살 두 분도 같이 앉아 있군요. 바로 석가모니의 지혜와 행원력을 상징하는 문수보살과 보현보살입니다.• 이와 같이 불상 옆에 같이 모셔지는 보살을 협시보살이라고 합니다. 부처님과 보살을 봤으니 이제 대웅보전에서 나갈까요? 서두르지 마세요. 아직 볼 게 남아 있으니 조금만 더 머물러 봅시다.

후불탱화

화려한 금빛 불상에 가려서 잘 보이지 않는 뒤편의 그림을 주목해 봅시다. 이 그림은 부처 뒤에 봉안된 그림이라고 해서 후불탱화라고 불립니다. 후불탱화는 금당에 모셔진 부처의 존재와 신앙적 성격을 더욱 자세하게 드러내는 그림입니다. 석가모니를 모신 대웅전이니만큼 후불탱화도 석가모니가 주인공인 '영산회상도'를 봉안하고 있습니다.

• 대웅전에 삼세불이 봉안되는 경우가 있습니다. 삼세불은 세 가지 세상의 부처란 뜻입니다. 과거·현재·미래란 시간적 세계를 나타낼 때는 과거 연등불의 화신인 제화갈라보살, 현재 세계의 석가모니불, 미래에 올 부처를 나타내는 미륵보살이 봉안됩니다. 이와 다르게 공간적 세계를 구현할 때는 중앙의 석가모니불 좌우로 동방(東方) 약사여래, 서방(西方) 아미타불을 모시기도 합니다.

후불탱화. 후불탱화는 모셔지는 전각에 따라 주인공인 부처와 조연인 협시보살만 바뀔 뿐 주변에 배치된 인물들은 동일한 경우가 많다. 청중은 그대로인데 연사만 교체되는 식이다. 위의 탱화에서 아난과 가섭을 찾아보자. 부산 범어사.

영산회상도는 석가모니가 인도 마가다국 왕사성 근처에 있는 영취산에서 『법화경』을 설하고 있는 모습과 그것을 듣는 청중들을 그림으로 옮긴 것입니다. 그림에 있는 부처의 수인과 앞에 있는 석가모니 불상의 수인이 같은 것을 확인할 수 있습니다. 그림 속 석가모니불 옆에 서 있는 협시보살도 보현보살과 문수보살로 법당에 안치된 보살상의 구도와 같습니다. 그 외의 그림 속 인물들로는 석가모니불의 분신인 시방불十方佛들과 10대 제자, 사대천왕, 천룡팔부의 모습도 보이네요. 대웅전의 불상이나 탱화는 화승이나 스님이 임의대로 배치하고 그린 것이 아니라 『법화경』에 있는 내용에 따라 그리거나 배치한 것입니다. 불상이나 탱화를 본다는 것은 다른 말로 하면 그 근거가 되는 경전을 읽는다는 말과 같습니다. 탱화를 변상도變相圖라고 부르기도 하는데 이는 심오하고 어려운 경전의 내용을 한 장의 그림으로 형상화시킨 그림이란 뜻입니다.

닫집

이번엔 탱화 위로 시선을 조금 올려 볼까요. 마치 궁전의 축소 모형처럼 만들어진 화려한 닫집이 보이네요. 닫집은 또 다른 집이란 뜻으로 금당의 천장에 만들어지는 목조 구조물인데 하늘에 있는 지붕이란 뜻으로 천개天盖라고도 부릅니다. 석가모니가 설법을 할 때 큰 파라솔 같은 것으로 햇빛을 막곤 했는데 이것이 닫집으로 변했다는 설이 있고, 석가모니가 산다는 적멸궁, 아미타불이 사는 칠보궁, 약사불이 사는 만월궁 등의 궁전을 상징한다는 설도 있습니다.

닫집. 부안 개암사.

불단으로 다가가 닫집 안을 올려다 보니 조각된 용 한 마리가 힘차게 고개를 빼서 우리를 노려보고 있고 연꽃이 곳곳에 피어 하늘에서 꽃비가 내리는 가운데 양 쪽으로는 봉황과 극락조가 날개를 펴고 날아가고 있네요. 부처님이 사는 궁전답게 참으로 장엄하고 화려한 조각으로 이루어져 있습니다. 그러나 사찰의 모든 전각에 닫집이 조성되지는 않고 주불이 있는 전각에만 닫집이 주로 조성되고 있습니다. 세심사는 주불이 석가모니불이기 때문에 대웅보전에서만 닫집을 볼 수 있습니다.

천장

닫집에서 물러나 금당의 천장을 올려다 보니 대들보를 칭칭 감고 있는 용 두 마리가 힘차게 꿈틀거립니다. 목련존자가 신통력으로 항복시

금당의 화려한 천장. 영천 은해사.

켰던 난타와 우반난타라는 두 마리의 용입니다(125쪽 참조). 그들은 불법에 귀의한 뒤 금당의 천장에서 석가모니와 금당을 수호하고 있습니다.

신중탱

대웅보전의 오른쪽 벽면에는 독특한 무기를 들고 다양한 얼굴을 한 장수들이 화면을 빽빽하게 채우고 있는 그림이 걸려 있네요. 바로 불법을 수호하는 신중들을 그린 신중탱입니다. 원래 신중은 인도의 재래 신으로 제석천*이나 범천(브라흐마, 인도 신화의 창조신) 신앙에서 발전한 것

---

* 샤크라 데벤드라, 고대 인도의 신인 인드라를 불교에서 수용한 것으로 하늘을 관장하는 신을 말합니다. 한국에서는 환인 또는 옥황상제의 이미지와 겹치기도 합니다.

신중탱. 밀양 표충사.

인데 중국을 거쳐 우리나라에 불교가 들어오면서 칠성, 산신, 용왕, 조왕 등의 여러 토속신이 가세하여 많은 수의 신중으로 늘어나게 되었습니다. 후불탱화의 사천왕, 천장의 호법룡, 또 다시 신중탱화의 수많은 신중들이 불법과 부처를 보호하기 위한 물 샐 틈 없는 경비를 펼치는 곳이 바로 대웅전입니다. 왼쪽 벽면에는 죽은 자들을 천도하고 위로하기 위한 감로탱(129쪽 참조)이 붙어 있는데, 이는 목련존자를 설명하면서 이미 언급한 내용이라 따로 설명할 필요는 없을 듯합니다.

십우도 중 기우귀가. 고창 선운사.

십우도

　대웅보전을 나와 신발을 신었으면 다른 전각을 둘러봐야겠지요. 하지만 아직 대웅보전에서 볼 것이 남아 있습니다. 바로 대웅보전 외벽에 그려진 벽화입니다. 보통 대웅전 벽면에는 석가모니의 주요한 일생을 여덟 부분으로 나눈 팔상도가 그려져 있는데 팔상도는 책 앞 부분인 석가모니의 생애에서 이미 설명을 했기에 세심사에는 십우도 그림이 그려진 것으로 설정하겠습니다(실제 사찰에서 대웅전에 십우도가 그려지는 일이 빈번하지만, 엄밀히 따지자면 '부처가 오면 부처를 죽이고, 조사가 오면 조사를 죽여라'를 외치는 파격적인 선가의 입장이 드러난 십우도 벽화를 대웅전에 그리는 것은 석가모니를 가장 존귀하게 모시겠다는 의미로 지은 대웅보전의 입장과는 서로 어울리지 않는 구석이 있습니다).

　십우도(혹은 심우도)는 어린 아이가 잃어버린 소를 찾아 길들이는 과정을 10단계로 나누어 그린 그림인데, 이는 수행자(동자)가 자신의 마음(소)을 찾아서 수행하는 단계를 상징적으로 나타낸 선화禪畵입니다. 이 십우도 벽화를 따라가 보면서 마음을 어떻게 찾아가는지 알아봅시다.

① 심우尋牛 : 동자가 소를 찾아나서는 장면으로 잃어버린 본성을 찾기 위해 수행에 들어가는 것을 의미합니다.

② 견적見跡 : 동자가 소의 발자국을 발견하는 장면으로 꾸준한 수행으로 자신의 마음을 찾을 수 있는 실마리를 발견하는 것을 의미합니다.

③ 견우見牛 : 동자가 소의 뒷모습이나 소의 꼬리를 보는 장면으로 수행자가 자신의 본성을 어렴풋이 보는 상태를 의미합니다.

④ 득우得牛 : 동자가 소를 잡고 고삐를 건 모습으로 수행자가 본성을 찾은 것을 의미합니다. 하지만 아직 공부는 끝나지 않았습니다.

⑤ 목우牧牛 : 동자가 소에 코뚜레를 뚫어 길들이며 끌고가는 모습인데 누런 황소의 일부분이 흰색으로 변해가고 있는 장면입니다. 본성은 얻었지만 예전의 습관이 남아 있어 언제든 본성을 또 잃어버릴 수 있는 위험한 상태입니다.

⑥ 기우귀가騎牛歸家 : 몸 전체가 하얗게 변한 흰 소에 올라 탄 동자가 피리를 불며 집으로 돌아오는 장면으로 수행으로 인해 과거의 악습이 사라지고 자유롭게 본성을 운용하는 단계입니다.

⑦ 망우재인忘牛在人 : 화면에서 소는 온데간데 없이 사라지고 동자만 홀로 앉아 있는 장면인데 애타게 찾아 헤맨 본성은 결국 달을

보게 하기 위해 치켜든 손가락일 뿐이어서 본성에 더 이상 연연해하지 않는 단계를 의미합니다.

⑧ 인우구망人牛俱忘 : 동그란 원상만이 그려져 있습니다. 소도 사람도 실체가 없는 공空임을 깨닫는 단계입니다.

⑨ 반본환원返本還源 : 물이 흐르고 꽃이 핀 산의 풍경이 그려져 있습니다. 있는 그대로의 세계를 깨닫고 아는 경지로 '산은 산이고, 물은 물'이라고 말할 수 있는 최고의 경지입니다.

⑩ 입전수수入廛垂手 : 삿갓을 쓰고 지팡이를 짚은 승려가 마을로 내려가는 장면으로 최상의 깨달음을 얻은 뒤 거기에 만족하지 않고 중생 교화를 위해 세속으로 내려가는 것을 의미합니다.

이렇게 벽화까지 보고 나서야 세심사의 대웅보전을 대충이나마 둘러봤다고 말할 수 있습니다. 대충이란 말은 사정상 자세히 보지 못하고 넘어간 부분이 많다는 말입니다. 이렇게 금당 하나에도 우리가 몰랐던 많은 볼거리와 이야기가 담겨 있습니다. 그래도 세심사 대웅전을 통해 다른 사찰의 금당이나 전각에 들어서더라도 어떤 방법으로 보고 느끼고 기도해야 하는지 어렴풋이나마 감이 생기셨길 바랍니다. 그럼 대웅보전 옆에 자리 잡고 있는 응진전으로 옮겨 볼까요? 그런데 대웅보전과 응진전 사이에 서 있는 높다란 두 개의 쇠기둥은 뭐 할 때 쓰는 거냐고요? 잠시 설명을 하고 응진전으로 넘어가죠.

괘불대. 서울 개운사.

괘불대

 이 기둥은 바로 괘불탱을 걸기 위해 세워 놓은 겁니다. 괘불탱掛佛幀은 거는 불화라는 뜻입니다. 하지만 금당에 거는 것이 아닌 절 마당에 거는 야외용 대형 불화입니다. 어떤 괘불탱은 높이가 12미터를 넘기도

부처님 오신 날, 절 마당에 걸린 괘불탱. 화관을 쓴 부처는 보통 노사나불을 나타내지만 이 괘불에선 깨달음을 얻은 직후의 석가모니를 그린 것으로 추측된다. 화관에는 과거 7불이 구름을 타고 내려오는 모습이 나타나고, 설법인을 취한 손에는 이제 막 만개하려는 연꽃이 들려 있다. 길이가 12미터에 달하는 부처의 전신이 그려진 괘불이지만, 유물 보호를 위해 3분의 1만 펼쳐 놓았다. 양산 통도사(사진 정강효).

합니다. 괘불탱은 주로 석가모니불이나 보관을 쓴 노사나불이 서서 꽃을 들고 있는 모습으로 화면이 채워집니다. 보관을 쓰고 꽃을 든 걸로 보아 자칫 보살로 오해하기 쉽지만 부처입니다. 이런 괘불탱은 늘 걸어 두는 것이 아니라 특별한 행사가 있는 날에만 겁니다. 초파일이나 개산재*, 수륙무차법회** 등의 큰 행사가 있을 때 절에 사람이 많이

---

* 開山齋 : 사찰을 세운 승려를 기리며 여는 의식.
** 水陸無遮法會 : 물과 육지에서 헤매는 외로운 영혼에게 공양(供養)을 드리는 불교 의식.

모이게 되면 금당에 사람들을 다 수용하지 못하는 경우가 생깁니다. 이런 경우 절 마당에 괘불을 걸어 놓으면 마당이 큰 법당으로 변해 의식과 설법을 할 수 있는 공간으로 바뀌게 되죠.

응진전

우리는 작고 아담한 전각인 응진전 안으로 들어왔습니다. 가운데 배치된 불상 양 옆으로 승려의 모습을 한 16명의 조각상들이 쭉 늘어 앉아 있네요. 응진전은 진리를 응시한 사람 즉, 깨달음에 도달한 사람들이 있는 곳입니다. 그 사람들은 다름 아닌 석가모니 생전 그의 가르침을 듣고 깨달음을 얻은 제자들을 말합니다. 이들을 나한이라고 해서 응진전을 나한전이라고 부르기도 합니다. 나한은 원래 산스크리트어인 아르하트(arhat, '나한'은 한문 '아라한'의 줄임말)에서 나온 말로 더 이상의 수행이나 공부가 필요 없는 사람(無學 무학), 깨달음을 얻어 마땅히 공경과 공양을 받을 만한 사람(應供 응공), 진리를 응시한 사람(應眞 응진)이란 뜻을 가지고 있습니다. 본래는 석가모니도 아라한으로 불렸지만*, 세월이 흐르면서 깨달음을 얻은 석가모니의 16명의 제자들을 가리키는 말로 한정되었습니다. 세심사의 응진전은 석가모니를 모신 대웅보전 바로 옆에 있는데 이는 석가모니와 그의 제자들을 한 데 모아 두려는 건축적 의지가 반영되었다고 볼 수 있지요. 그런데 이상한 것은 이 16나한에 석가모니의 10대 제자는 포함되지 않는다는 점입니다. 16나한은 미래불인 미륵불이 나타날 때까지 석가모니를 대신해서 중생들을 구제하는 신통력과 소원을 들어주는 민간 신앙과 기복 신앙의 대상으

거조암 영산전에 모셔진 오백 나한의 모습. 마음에 드는 나한상 앞에 보시물을 놓고 기원을 하면 소원이 이루어진다는 나한 신앙지로 유명하다. 하지만 이 곳을 찾는 불자들 가운데 국보로 지정된 영산전 맞배지붕의 견결함에 감탄하거나 이 곳이 보조 국사가 새로운 불교를 열기 위해 정혜수선결사를 이룬 역사적인 장소임을 새기는 불자들은 그리 많지 않은 듯하다. 영천 거조암.

로 발전했습니다. 그래서 정통적인 불법을 이어받은 10대 제자와 민간 신앙으로서의 16나한은 다소 차이점을 보이는 것입니다. 사찰에 따라서는 응진전에 500나한을 모시기도 합니다. 500나한은 석가모니 입멸 후 왕사성 칠엽굴에서 이루어진 최초의 경집에 참석한 500명의 비구를 뜻합니다.

이러한 뜻을 지닌 응진전이니만큼 16나한의 중앙에 앉아 있는 부처

• 여래를 다르게 부르는 10가지 명호(응공, 정변지, 명행족, 선서, 세간해, 무상사, 조어장부, 천인사, 불, 세존) 중에 '응공(아라한)'이 포함되어 있습니다.

응진전에 모셔진 제화갈라보살, 석가모니불, 미륵보살. 밀양 표충사.

님은 당연 석가모니불이 되어야겠죠. 그러나 석가모니불의 협시보살로는 대웅전이 문수보살(지혜)과 보현보살(행원력)을 모시는데 반해, 응진전은 현세불인 석가모니불 양 옆으로 제화갈라보살(과거불)과 미륵보살(미래불)을 모시고 있습니다.

 사찰에 따라선 협시보살 대신 석가모니 제자 중 가르침과 마음을 이어받았다고 대표되는 두 명의 제자인 아난과 가섭을 조성해서 세우기도 합니다. 이를 통해 부처님의 제자들이 모인 전각임을 더욱 상징적으로 드러내는 것이죠.

극락전

 이제 절 마당을 가로질러 팔작 지붕이 아름다운 극락전으로 들어가

극락전에 모셔진 지장보살, 아미타불, 관세음보살. 강진 무위사.

보죠. 극락전은 서방 극락정토의 주재자인 아미타불과 그 협시보살들이 봉안된 전각입니다. 한마디로 극락의 세계를 구현한 공간이 극락전이라고 생각하면 됩니다.

아미타불은 산스크리트어 '아미타유스(amitayus: 무한한 생명을 지닌 것)'에서 나온 말로 아미타불을 모신 전각을 무량수전*이라고 부르기도 합니다. 아미타 신앙의 근거가 되는 '정토삼부경'**에 의하면 본래 아미타불은 법장이란 승려였습니다. 그런데 법장이 모든 중생들을 제도하겠다는 48가지 큰 서원을 세우고 수행한 결과, 부처가 되어서 서방

---

* 무량수(無量壽)란 말은 무한한 생명이란 뜻입니다.
** 정토삼부경이란 경전이 따로 있는 것이 아니라, 『무량수경』, 『관무량수경』, 『아미타경』의 세 권의 경전을 합쳐 이렇게 부릅니다.

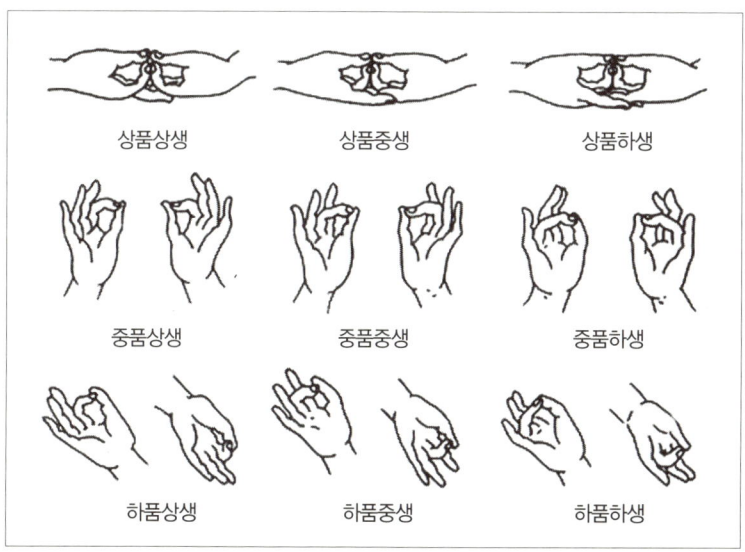

아미타 구품인을 설명한 그림.

극락정토에 상주하고 계시다고 합니다. 누구든 '아미타불'의 이름을 부르기만 해도(나무아미타불) 왕생극락할 수 있다는 정토 신앙은 실천의 손쉬움과 내세에 대한 보장 때문에 예부터 지금까지 민중들에게 인기가 높습니다. 안동 봉정사의 극락전은 우리나라에 현존하는 가장 오래된 목조 건물(고려시대)로 아미타불에 의지하는 정토 신앙이 얼마나 오래되고 뿌리 깊은지 잘 보여주는 예라 하겠습니다.

이젠 아미타불의 수인에 대해 알아봅시다. 시중의 불교 미술에 관련한 책을 살펴보면 아미타불의 수인을 다음과 같이 구품인으로 나누어 상세히 기술한 것을 볼 수 있을 겁니다. 이러한 책들은 중생의 근기에 따라 각각 상품, 중품, 하품으로 나누고 이를 다시 상생, 중생, 하생으로 나누는 『관무량수경』의 근거를 들어 9가지 근기●●●를 지닌 중생을 모두 극락 세계로 제도하기 위해 아미타불은 다양한 수인을 가지고 있다고 합니다. 물론 이런 수인의 형태에 대한 이해는 초심자인 여러분들에게는 대단히 유용하고 필요하겠지만, 숨겨진 진실은 알려드려야겠습니다. 실제로 이 아미타 구품인이라는 수인의 분류는 일본 학자들이 편의상 자기들 기준에 의해 분류해 놓은 것일 뿐, 그 각각의 모양에 관해서는 어떠한 경전의 근거도 없습니다.

아미타불의 수인으로 인정될 수 있는 것은 단지 '미타정인(묘관찰지정인)'으로 그림에서 보는 상품상생의 수인 모양밖에 없습니다. 그러나 현재 이 법당 안에 모셔진 불상도 그렇고 한국 사찰의 아미타전에 모셔진 대부분의 아미타불 수인을 살펴보면 본래의 미타정인은 찾기 어렵고 중품과 하품의 수인들로 조합이 된 모양을 많이 찾을 수 있으니 이 구품인의 수인의 모양을 참고해 대략 저런 손 모양을 하신 분이 아미타불이라는 감을 잡으시면 됩니다.****

협시보살로는 관세음보살과 지장보살이 아미타불 옆에 봉안되어 있네요. 하지만 경전에 의하면 아미타불의 협시보살은 관세음보살과 대세지보살이어야 하는데 많은 절에서 대세지보살 대신에 지장보살로 대체하고 있습니다. 대세지보살의 모호한 정체성은 아무래도 일반 민중들에게는 다가서기 어려웠고, 지옥에서 중생을 구제해 서방 정토로

**** 『관무량수경』에 의하면 중생은 다음과 같이 9품으로 나누어지며 각각의 근기에 맞는 제도를 해야 한다고 합니다. 중생의 근기는 1.상품 상생 2.상품 중생 3.상품 하생 4.중품 상생 5.중품 중생 6.중품 하생 7.하품 상생 8.하품 중생 9.하품 하생으로 이를 통틀어 9품이라고 합니다.

인도한다는 지장보살이 아미타불과 연관성이 많다고 생각해서 이렇게 조성하는 거죠.

후불탱화도 역시 아미타부처님 양 옆으로 관세음보살과 지장보살이 그려져 있네요. 그런데 아미타불과 협시보살을 제외하면 대웅전의 후불탱화인 '영산회상도'와 등장 인물들이 거의 동일하네요. 그 이유는 '정토삼부경'은 석가모니가 '아미타불과 정토'에 관해 설한 형식으로 경전이 구성되어 있기에 그 설법을 듣는 대중들도 영산회상도의 대중들과 동일하게 그려지는 것입니다.

극락전 반야용선도

극락전에서 나가면 극락전 뒷벽에 그려진 벽화인 '반야용선도'를 꼭 확인하시기 바랍니다. 중생들을 싣고 서방극락정토로 향하는 배를

•••• 앞에서 대웅전 석가모니불의 수인을 설명하면서 수인만 가지고도 그 부처님이 누구인지 알 수 있다고 말씀드렸습니다. 이 말은 반은 맞고 반은 틀립니다. 불교 미술에 관심을 가지고 더 깊게 들어가다 보면 수인만으로는 판별할 수 없는 불상이 더 많습니다. 심지어 수인으로 알 수 있는 부처는 없다는 자조적인 말까지 학계에서는 나오는 형편입니다. 단적으로 텔레비전 애국가에 등장하는 석굴암의 유명한 본존상은 분명 석가모니를 나타내는 항마촉지인을 하고 있음에도 불구하고 학자들에 따라, 석가모니라는 설, 아미타부처라는 설, 비로자나부처라는 설로 나뉘어 오랫동안 논박되고 있습니다. 불상의 정체성을 밝히는 연구는 단지 수인뿐 아니라 경전의 근거와 여타 비슷한 시기의 다른 지역의 불상들의 모습들과 비교해서 유추 판단해야 하는 어려운 작업입니다. 그러나 이런 사실 때문에 여러분이 수인에 대한 기본적 설명을 무시하거나 도외시해서는 곤란합니다. 신나게 달리는 일은 걸음마를 떼고 난 후에야 가능한 일이니까요.

반야용선도. 양산 통도사.

반야용선이라고 합니다. 관세음보살이 뱃전에서 중생들을 이끌고, 뒤에서는 지장보살이 중생들을 호위하는 가운데 거센 물결을 헤치고 나가는 배의 용머리 장식이 믿음직하고 힘차 보입니다. 반야용선에 탄 승객 중에는 승려, 갓을 쓰고 상투를 튼 사람, 머리가 허옇게 센 노파 등의 다양한 사람들의 모습도 그려져 있어 보는 재미를 더해줍니다.

비로전(대적광전)

절 마당에 있는 감로대에 들러 시원한 물 한 바가지씩 드시고 오셨나요? 힘을 내세요. 벌써 지치기엔 세심사가 준비한 이야기가 많습니다.

비로전. 경주 기림사.

이번에는 비로전으로 가보죠. 비로전은 대웅전의 석가모니, 극락전의 아미타불 다음으로 한국의 많은 사찰에서 본존으로 받들어 모시고 있는 '비로자나불'을 모신 전각입니다. 비로자나불은 『화엄경』에 등장하는 부처님인데 신라 의상 스님 이후에 우리나라 불교는 화엄을 중시하고 화엄종 계열의 사찰이 많이 건립되었습니다. 따라서 비로전을 이해하면 우리나라 불교의 경향을 이해하는 단초를 얻을 수 있습니다. '비로전' 대신 '화엄전'이나 '대적광전', '대광명전', '보광전' 등의 현판을 내건 사찰도 있습니다. 사찰마다 부르는 이름은 다르지만 다 비로자나불을 모신 전각임은 같습니다.

비로자나는 범어 바이로차나vairochana에서 나온 말로 빛이나 광명을 뜻합니다. 비로자나불은 『화엄경』의 삼신불 개념에서 나온 말입니다. 불교의 교리가 복잡해지고 발달함에 따라 사람들은 부처의 본질을 법신, 보신, 화신이란 세 개의 개념(삼신불)으로 나누었습니다. 법신불은 비

비로자나불. 철원 도피안사.

로자나불로 광명이나 불법佛法, 진리 그 자체를 상징합니다. 그래서 '청정법신 비로자나불'이라 부릅니다. 보신불은 노사나불로 노사나란 말도 빛이나 광명을 의미하지만, 수행 공덕으로 부처의 몸을 얻어 모든 복덕을 부족함이 없이 갖춘 부처라는 것을 강조합니다. 그래서 '원만보신 노사나불'이라 부릅니다. 마지막으로 화신불은 석가모니인데 중생의 요구에 따라 사람의 모습으로 우리 곁에 내려온 부처님을 뜻합니다. 화신불은 중생의 근기에 따라 수천 억 가지 형상으로 나타날 수 있기에 '천백 억 화신 석가모니불'이라 부릅니다. 삼신불은 부처의 세 가지 모습을 설정하고 중생을 교화하기 위한 방편으로 셋이면서 동시에 하나인 부처의 개념으로 이루어진 것입니다.

사찰에 따라서는 비로자나불만 단독으로 봉안하는 경우도 있는데 세심사 비로전에는 비로자나불을 중심으로 양 옆에 보관을 쓴 노사나불이나 석가모니불 모두 봉안되어 있군요. 중앙의 비로자나불은 오른손으로 왼손의 검지를 감싸 쥔 '지권인'이란 수인을 하고 있네요. 모든 진리는 하나로 통한다는 뜻의 수인입니다.

비로자나불 왼편에 안치된 노사나불은 보살들이 쓰는 보관을 쓰고

삼신불(석가모니, 비로자나, 노사나불)이 모셔진 법당. 노사나불은 보통 보관을 쓴 모습으로 표현되지만 사찰에 따라 보관이 생략되는 경우도 있다. 서울 수국사.

양 손을 밖으로 들어 올린 설법인을 짓고 있습니다. 노사나불이 보관을 쓰는 것은 석가모니가 보살의 신분으로 수행을 통해 복덕을 원만하게 이루어 보살에서 부처가 되는 그 순간을 나타냅니다. 노사나불이 설법인을 지닌 이유는 석가모니가 보살에서 부처가 된 후 최초로 행한 설법 때 지었던 수인이라고 합니다.

비로자나불 오른편의 석가모니불은 여러분이 아시는 바대로 항마촉지인의 모습으로 봉안되어 있군요. 각 불상 뒤에 각각 자리 잡은 후불탱화도 비로자나불, 노사나불, 석가모니불을 중심으로 주변에 많은 보살들과 성중(신중이나 제석천 등의 성스러운 군중)들이 모인 모습으로 그려진 것을 확인해 보세요.

약사전

약합을 들고 있는 약사불. 청양 장곡사.

사찰에 모셔진 부처님 중 석가모니를 제외한 다른 부처님이 그렇듯 약사여래도 대승 불교시대에 늘어난 경전의 편찬과 민중의 염원에 의해 만들어진 부처님입니다. 서방에는 극락정토세계를 다스리는 아미타불이 있다면 동방에는 유리광세계를 지휘하는 약사불이 있습니다. 약사藥師라는 말에서 알 수 있듯 약사불은 중생의 병을 구제해주는 부처입니다. 중생의 병은 신체적 질병이나 고통에서부터 무명에 가려 있어 잘못된 소견을 내고 깨달음과 멀어지는 병까지 다 포함됩니다. 병원과 약국에 가서는 몸을 낫게 하는 치료와 약을 구하지만 이 약사전에 와서는 탐욕과 성냄과 어리석음이라는 마음의 병까지 고칠 수 있는 셈입니다. 보시다시피 약사불은 왼손에 약사불의 지물인 약합을 들고 있습니다. 약사불의 협시보살로는 일광보살과 월광보살이 있는데 보관이나 손에 해나 달을 들고 있는 모습을 취합니다.

미륵전

미륵전은 다른 전각과 달리 휑하죠? 금빛의 불상 대신에 얼렁뚱땅 돌을 쪼아 만든 것 같은 그리 수려하지 못한 모습의 석불이 서 있네요.

후불탱화도 없고 전각의 크기도 다른 전각에 비해 작습니다.

미륵불의 본래 이름은 마이트레야 아지타Maitreya Ajita입니다. 이를 소리가 비슷한 한자를 빌려와 '미륵 아일다彌勒 阿逸多'로 씁니다. 성姓은 '미륵'이고 이름은 '아일다'입니다. 성인 '마이트레야'는 '어머니 같은 자비나

석조미륵불. 부여 대조사.

친구 같은 우정'이라는 뜻을 품고 있어 미륵불은 흔히 '자씨慈氏불'이나 '자씨보살'로도 불립니다. 예를 들어 성이 브라운Brown이라는 남자 외국인이 있다고 가정해 봅시다. 미륵을 '자씨'라고 부르는 것은 우리가 브라운을 '브라운 씨'라고 부르는 대신에 뜻을 생각해 '갈색 씨'라고 부르는 것과 같습니다. 네, 자씨불이 좀 웃긴 명칭이긴 해도 미륵불은 아는데 자씨불은 모르겠고, 미륵전은 가봤는데 자씨전은 들어가지 못했다고 할까 봐 드리는 말씀입니다.

미륵불은 두 가지 지위를 가지고 있습니다. 부처라 부르지만 정확하게 보자면 아직 부처가 아닌 보살입니다. 현재 미륵은 보살의 신분으로 도솔천이라는 하늘나라에서 천상 사람들을 위해 열심히 설법을 하고 있다고 합니다. 그런데도 왜 부처라고 불리느냐면 석가모니불로부

터 미래에 부처가 되리란 확실한 수기를 받은 분이라 그렇습니다. 그런데 미륵보살은 석가모니불이 입멸한 후 56억 7천만 년이 되는 때에 다시 사바 세계에 출현하여 용화수龍華樹 아래에서 성불하고, 단 세 번의 설법만으로 석가모니가 구제하지 못한 모든 중생을 구제한다고 합니다.• 이 법회를 '용화삼회'라고 하는데, 미륵불이 용화수 아래에서 성불하기 때문에 미륵불을 모신 전각을 '용화전'이라고 부르기도 합니다.

그런데 한번 생각해 봅시다. 지금이 석가모니 입멸 후 2,500여 년 정도가 흘렀으니, 계산대로라면 미륵불은 '56억 6천 9백 9십 9만 7천 5백 년' 정도만 기다리면 이 세계로 내려오시겠네요. 별로 길지(?) 않은 시간이죠? 그래서 이렇게 미륵전이 초라한 걸까요? 그렇지 않습니다. 미륵은 불교의 미래이자, 사람들의 희망이었습니다. 통일신라 말 궁예가 스스로 미륵임을 자처하며 사람들의 지지를 받았고, 조선시대에도 각종 민란이 미륵 사상을 끼고 일어났습니다. 미륵불은 불우하고 힘 없는 계층의 사람들이 도래할 새 세상에 대한 염원을 담을 수 있었던 돌파구이자 민중의 의지처 역할을 수행해왔습니다. 그래서 미륵불들은 전각 안에 얌전히 모셔지는 경우보다 야외에 거대하게 조성되거나 길가 바위 같은 곳에 아무렇게나 새겨져 비바람과 찬 이슬을

• 미륵 신앙은 상생 신앙과 하생 신앙으로 나뉩니다. 상생 신앙은 미륵이 강림하기 전에 죽게 되면 도솔천에 올라가 미륵불의 품에 안기겠다는 신앙이고, 하생 신앙은 미륵보살이 하루 빨리 이 땅에 강림해 모든 중생을 돌봐주기를 바라는 신앙입니다.

함께 맞는 민중들의 친구였습니다. 하지만 국보 78호와 83호로 지정된 '금동미륵반가사유상(반가부좌를 틀고 앉아 생각에 잠긴, 동으로 만들고 금칠을 한 미륵보살상)'**처럼 숨 막힐듯 수려한 외모와 보기만 해도 명상에 빠져드는 은은하게 미소를 짓고 있는 빼어난 미륵보살상도 있습니다. 미륵은 때론 한국의 미를 대표하는 모습으로, 때론 민초들의 유토피아에 대한 소망을 담은 소박한 모습으로 우리 곁에 항상 존재해왔습니다. 현재에 대한 불만과 미래에 대한 열정이 식지 않는 한, 미륵 신앙은 영원히 젊은 모습으로 살아 남을 것 같군요.

이것으로 세심사에 있는 부처님들은 다 만나 보았습니다. 이제 보살들이 계시는 전각과 나머지 전각들을 살펴봐야겠습니다. 그런데 이곳저곳을 돌아다닌다고 허기가 몰려오는데 다행히도 때마침 점심 공양 시간이네요. 금강산도 식후경이라고 밥부터 먹어야겠습니다. 돈이 없다고요? 절에선 밥값을 따로 받지 않습니다. 그냥 배고픈 사람들은 정해진 식사 시간에 후원으로 가서 밥을 먹으면 됩니다. 자, 이제 가벼운 마음으로 후원으로 가 봅시다.

후원

이 곳은 사찰에 거주하는 승려들의 먹을거리를 만드는 부엌이자 절을 찾은 대중들이 모여 식사를 하는 공간입니다. 공양간이라고도 하고

** 학자에 따라선 이를 미륵이 아닌 싯다르타가 깨달음을 이루기 전, 보살의 신분으로 사유하는 모습을 형상화한 것이라고 보는 시각도 있습니다.

기도를 마친 후 공양을 하는 사람들. 서울 도선사.

후원이라고도 합니다. 밥 짓는 일의 총책임자인 공양주 승려의 지휘 아래 갈색 옷을 입은 분들이 분주하게 움직이네요. 갈색 옷을 입은 분들은 아직 사미계를 받지 않은 행자들로 절의 허드렛일과 잡일을 맡아서하며 승려가 되기 위한 준비를 하는 분들입니다. 규모가 작은 사찰이나 암자에선 여신도가 공양주보살을 하거나 스님이 직접 밥을 하기도 합니다.

여러 사람의 정성과 고생이 들어간 밥이지만 염치불구하고 한 술 뜨도록 하겠습니다. 각자 식판을 가지고 줄을 선 다음, 놓여 있는 밥통과 반찬통에서 먹을 수 있는 만큼만 덜어서 조용히 먹으면 됩니다. 그런데 밥 먹는 스님들의 모습이 보이지 않네요. 스님들은 어디서 밥을 먹을까요? 선원에 있는 스님과 강원에 있는 스님들은 각자 자신들의 수행 공간(대중방)에 모여 엄격한 절차와 법도 아래 발우공양을 합니다. 발우는 승려들이 가지고 다니는 밥그릇인데 보통 네 개로 구성되어 물, 밥, 국, 반찬을 담는 데 씁니다.

대중방에 모인 승려들은 죽비가 울리면 회발게, 전발게, 십념 등을 염송하며 발우를 싸고 있던 천과 포개진 그릇을 펼치고 밥 먹을 준비를 합니다. 죽비가 다시 울리면 음식이 담긴 통과 물이 담긴 주전자를 든 승려가 방 안을 돌게 되고 조실 스님이나 주지 스님 등의 어른 스님이 먼저 음식을 덜고 순차적으로 빙 돌아가며 각자의 발우에 음식을 담습니다. 이를 진지進旨, 혹은 행익行益이라고 하는데 우리가 일상에서 식사의 높임말로 쓰는 '진지'는 불교 의식에서 나온 말입니다. 모든 승려가 물, 밥, 국, 반찬을 그릇에 담게 되면 오관게를 암송하고 식사를 시작합니다. 그런데 발우에 처음 받아 둔 물은 천수물이라 불리는데 마시기 위한 것이 아니라 자신이 먹었던 그릇들을 깨끗이 헹구기 위한 설거지용 물입니다. 식사가 끝날 무렵 숭늉을 담은 주전자가 돌게 되고 식사를 마치면 천수물로 발우를 씻어내고 천수통에 천수물을 버립니다. 승가에서 말하길, 지옥에 사는 아귀가 바로 그 천수통의 천수물을 받아먹고 산다고 하는데, 아귀는 배는 산만하고 목구멍은 바늘 구멍만 해서 조금이라도 큰 건더기가 있으면 삼키지 못한다고 합니다. 그래서 승려들은 그릇을 헹구어낸 천수물을 맑게 유지하기 위해 그릇에 양념이나 밥알 하나라도 남기지 않고 깨끗하고 정갈하게 식사를 합니다. 이 행위 속엔 아귀를 위한 자비도 자비지만 음식물 쓰레기나 세제로 자연에 누를 끼치지 않으려는 수도자들의 마음이 반영되어 있습니다. 천수물로 씻은 발우는 천으로 닦아 다시 잘 포갠 뒤 천에 싸서 찬장에 올려 놓으면 공양이 끝납니다. 복잡하지요?

그런데 승려들은 왜 이렇게 모여서 공동 식사를 하는 것일까요? 이는 석가모니 시절까지 거슬러 올라갑니다. 그 당시 수행자들은 집집마다 돌며 밥을 빌어먹는 탁발로 생계를 유지했습니다. 자연히 수행자 중 누구는 그날의 운이 좋아 밥과 반찬을 많이 얻은 사람도 있을 테고, 누구는 일진이 사나워 텅 빈 발우만 들고 다시 돌아오는 사람도 있었을 겁니다. 그렇다면 밥을 구해오지 못한 수행승들은 굶어야 했을까요? 아닙니다. 석가모니는 탁발한 밥들을 한 곳에 모아 다시 수행승들의 필요에 따라 재분배를 했습니다. 이로 인해 그 날 밥을 빌려오지 못했지만 덩치가 커서 늘 밥을 많이 먹어야 하는 수행자에게는 다른 이들보다 넉넉하게 밥을 덜어줬을 것이고, 탁발을 나갈 때마다 많은 밥을 얻어오지만 평소 위장이 좋지 않아 소식을 해야 하는 수행자는 다른 이들보다 적게 먹었을 겁니다. 능력에 따라 밥을 먹은 것이 아니라, 필요에 따라 밥을 분배해서 먹은 것입니다.

현대와 같은 삭막한 무한 경쟁 체제의 사회라면 이런 일은 꿈도 꾸지 못할 일이죠. 능력이 없으면 비난 받으며 굶어 죽어야 하는 사회고, 능력이 있으면 썩혀 내버릴지언정 가지고 있는 것이 정당화되는 사회니까요. 경쟁과 능력 위주의 사회가 항상 효율적이고 아름다운 것만은 아니란 것을 성인들은 암시해줍니다.

이처럼 대중들이 함께 모여 먹는 식사는 공동체의 결속을 다지는 것에 큰 영향을 미쳤을 뿐 아니라, 인간의 이기심과 탐욕이 늘 따라다니게 되는 '먹는다' 라는 행위를 영적 깨달음으로 변환시키는 중요한 자리가 되기도 했습니다. 이는 기존의 유대교인들이 하지 않았던 공동 식사의 의례를 도입했던 예수도 마찬가지였습니다. 우리가 잘 아는 다빈치의 〈최후의 만찬〉이란 그림이나 예수가 행한 '오병이어의 기적'으로 수많은 사람들이 함께 모여 음식을 나눠 먹은 일화를 보더라도 예수 또한 제자들과 함께 식사를 하며 영적인 가르침과 공동체의 결속을 도모했음을 알 수 있습니다. 공동으로 모여 식사를 한다는 것은 인간의 생명과 생존에 필요불가결한 음식물을 나누어 먹음으로써 생명을 나누는 거룩한 일이 되고, 이를 통해 서로 사랑하고 아끼라는 가르침을 자연스레 일상에서 실천할 수 있었던 것입니다.

밥을 먹는 것도 수행의 일부분으로 여기는 승려들의 엄격한 공양과 달리 우리들은 비교적 자유로운 분위기에서 먹을 수 있습니다. 먹고 난 식판과 수저는 저기 보이는 설거지통에서 각자 씻은 뒤 식판이 쌓여 있던 원래 자리에 놓고 나오면 됩니다.

밥은 맛있게 드셨나요? 고기 반찬이 없어서 별로였다고요? 주어진 것에 감사하는 마음으로 드신 분들은 만족하는 얼굴이네요. 자, 밥을 먹었으니 힘을 내서 남은 전각들을 돌아 보도록 하죠.

관음전

보관 안에 치렁치렁하고 윤기나는 검은 머리를 감춘 저 아름다운 보살상이 바로 사람들이 가장 많이 찾고 의지하는 보살의 대명사인 관음보살입니다. 긴 머리 때문에 여자라고 생각하는 분이 많은데 관세음보살의 성별을 찾는 것은 난센스입니다. 그래도 굳이 따지자면 남성이라고 해야겠네요. 티베트 불교에는 관세음보살의 부인도 있거든요. 하지만 남성이나 여성에 연연하지 않겠다는 대승 불교의 공空 사상에 입각해 탄생한 보살이고 매혹적인 여인이나 건장한 남자, 동물로 자유자재하게 변하는 관세음보살을 한 가지 성별로 못박아 놓을 수 없지요. 관세음보살은 대승 불교 시절에 경전에 등장하게 된 보살입니다. 『법화경』, 『관무량수경』, 『화엄경』 등에 나타나는 관세음보살은 세상과 중생

관음보살을 중심으로 동해용왕과 남순동자가 양 쪽에 서 있다. 관음보살상은 천수천안관음의 모습이 도드라지지만, 딱히 한 가지 이름으로 부르기 힘들 정도로 육관음의 여러 모습이 혼재되어 표현되어 있다. 부안 내소사.

의 소리를 보고 들어 중생이 필요할 때 나타나 도움을 주는 분입니다. 또 생전에 착한 일을 많이 한 사람이 죽으면 아미타불이 있는 극락 세계로 망자를 인도하는 역할도 맡고 있습니다. 생각나시나요? 아까 극락전에서 아미타불 옆에 있던 보살도 관세음보살이었죠. 극락전 뒤의 반야용선의 뱃머리에 서서 망자들을 이끄는 분도 관세음보살이었습니다. 극락전에서는 협시보살이었지만, 관음전에서는 이렇게 가운데 자리를 차지하고 있습니다.

사찰에 따라서는 부처님을 밀어내고 관음보살이 주불로 모셔지기도 합니다. 주로 바닷가 근처의 관음성지라고 불리는 사찰이 그렇습니다. 바닷가 주변에 관음성지가 많은 이유는 『화엄경』에 관세음보살은 남인도 바닷가 근처의 보타락가산이란 곳에 상주한다고 기록돼 있기 때문입니다. 관음보살이 사찰의 중심 법당이 될 경우엔 관음전 대신 주로 '원통전'이나 '원통보전'으로 현판을 내겁니다. 원통전이라고 쓰는 이유는 관음보살이 세상 모든 곳에 몸을 나타내 '주원융통(周圓融通 : 두루 원만해 어디든 통하는 것)'의 자비로 중생들을 보살피기 때문입니다.

관세음보살상은 보관을 쓰고 손에 중생의 고민과 아픔을 제거할 물을 담은 정병(감로병)을 들고 있습니다. 이를 '성관음聖觀音'이라 부르는데 관음보살상 중 원형이 되는 모습입니다. 관음보살의 협시로는 동해 용왕과 남순동자가 세워지는데, 남순동자는 다름 아닌 『화엄경』에서 53명의 선지식을 찾아 순례하는 선재동자의 다른 이름입니다.

하지만 관음성지의 원통전에 들어가면 후대에 중생들의 염원에 따라 더 다양한 모습으로 분화된 여섯 가지 형태의 관음상이 조성되어 있습니다. 이를 육관음이라 하고 각각 다음과 같습니다.

1. 성관음聖觀音 : 성스러운 관음이란 뜻으로 우리가 알고 있는 일반적 관음보살입니다. 정병을 들거나 봉우리 진 연꽃을 들고 있는 것으로 표현됩니다.
2. 천수천안관음千手天眼觀音 : 천 개의 손에 천 개의 눈이 달린 관음으로 탱화로 그려질 때는 천 개의 손과 눈이 다 그려지기도 하지만, 불상으로 나타낼 때는 마흔두 개의 손으로 처리됩니다. 많은 손과 눈으로 중생을 보살피겠다는 의지를 드러낸 관음상입니다.
3. 마두관음馬頭觀音 : 머리 위에는 말머리의 형상을 얹고 얼굴은 분

노로 어그러져 칼과 무기를 쥔 모습으로 표현되는 관음입니다. 관음의 대자대비한 이미지에 비추어 매우 낯설고 두려운 모습이지만, 그러한 형상은 악을 분쇄하고 삿됨을 파괴하겠다는 의미를 담고 있습니다.

4. 십일면관음十一面觀音 : 보관에 열한 개의 얼굴 형상을 지닌 관음으로 석굴암의 관음상이 십일면관음입니다. 십일면의 얼굴은 자애로운 모습, 화난 모습, 웃는 모습 등을 담고 있으며 중생의 상황과 근기에 따라 다양한 방편으로 제도하고자 하는 보살의 자비를 나타냅니다.

5. 여의륜관음如意輪觀音 : 법의 수레바퀴를 굴려 중생들에게 깨달음을 전하겠다는 의지를 표현하고 있습니다. 팔은 여섯 개로 각각 염주, 여의주, 법륜 등을 지니고 있습니다. 여섯 개의 팔은 육도중생을 구제하고 육바라밀*을 닦게 하는 데 쓰인다고 해석합니다.

6. 불공견색관음不空羂索觀音 혹은 준제관음准提觀音 : 불공견색관음은 그물(견색)로 고해의 바다에서 헤매는 중생을 다 건지겠다는 의지를 드러낸 관음으로 주로 중앙, 좌우의 세 가지 얼굴에 팔이 네 개인 모습으로 나타납니다. 준제관음은 모든 부처의 어머니로서의 모성을 상징하는 관음으로 세 개의 눈을 가지고 중생의 미혹과 어리석음을 구제한다고 합니다. 사찰에 따라 육관음을 조성할 때 불

---

* 깨달음에 이르기 위한 대승 불법의 여섯 가지 수행법으로 보시, 지계, 인욕, 선정, 지혜, 정진을 뜻합니다.

명부전 내부. 지장보살 옆으로 승려 형상의 도명존자와 원류관을 쓴 무독귀왕이 협시로 서 있고, 그 옆으로 의자에 앉은 시왕들이 배치되어 있다. 고창 선운사.

공견색관음 대신 준제관음이 포함되기도 합니다.

명부전

　명부전에 들어오자마자 분위기가 으스스한 게 왠지 지옥의 유황불 냄새가 나는 것 같군요. 명부란 사람이 죽어서 가는 곳, 바로 지옥입니다. 명부전은 지옥에 떨어진 망자들을 심판하는 지옥 왕들의 공간이죠. 열 명의 지옥 왕이 있다고 해서 명부전을 시왕전十王殿이라고도 합니다. 그런데 컴컴한 명부전의 가운데 자리는 시왕이 아닌 지장보살이 차지하고 있습니다. 지장보살은 미륵불이 출현할 때까지 육도윤회의 세계를 돌며 중생들을 구제하도록 석가모니불로부터 수기를 받은 보

지옥의 판관답지 않게 익살스런 표정을 짓고 있어 더 정감이 가는 시왕상들. 고창 선운사.

살입니다. 지장보살은 지옥에 떨어지는 중생이 한 명도 없을 때까지 부처가 되지 않겠다는 큰 서원을 세운 보살이기도 합니다. 그래서 지옥의 한 가운데에 지옥 중생을 구제하기 위한 지장보살이 모셔져 있고, 명부전은 지장전으로 부르기도 합니다.

지장보살상은 경전의 기술에 따라 스님처럼 머리를 파르라니 깎은 모습으로 조성되고 손에는 지옥을 밝히는 명주(明珠 : 밝은 구슬)와 지옥문을 깨트리는 육환장(여섯 개 고리가 달린 지팡이)을 쥐고 있습니다. 지장보살 옆으로 협시인 도명존자와 무독귀왕이 서 있는데 이 둘은 지장보살을 도와 지옥중생을 구제하는 데 힘을 보태고 있는 분들입니다. 지장보살 양 옆으로는 의자에 앉은 지옥 왕이 좌우로 다섯 명씩 배치됩니다.

시왕은 지옥에 온 죄인들이 생전에 저지른 죄를 심판해서 형벌을 내리는 왕들입니다. 명부 시왕 신앙은 인도 전통의 야마라는 지옥의 신이 불교에 편입된 이후 중국의 도교와 결합하면서 9세기경 중국에서 형성된 불교 신앙입니다. 인도의 지옥 왕인 야마는 '제5 염라대왕'으로, 중국 도교의 태산부군은 '제9 태산대왕'으로 시왕 신앙의 체제 안으로 녹아들었습니다.

지옥도. 제2 초강대왕이 다스리는 확탕지옥의 모습으로 왕의 명을 받은 옥졸들이 망자를 꼬챙이에 꿰어 펄펄 끓는 기름 가마솥에 집어 넣고 있다. 양산 통도사.

세심사 명부전 안의 후불탱화는 총 열세 폭입니다. 가운데 지장보살과 그의 수행비서인 무독귀왕과 도명존자가 그려진 후불탱화(지장탱)가 중앙에 자리잡고 있고, 좌우에 늘어선 시왕상의 뒤로 열 명의 지옥 왕이 담당하는 지옥과 형벌 장면을 담은 각각의 탱화(지옥도)가 걸려 있습니다. 나머지 두 폭은 지옥왕의 명을 받아 죄인을 지옥으로 압송해오는 감제사자와 직부사자를 그린 그림으로 양쪽 벽면의 끝부분을 장식하고 있네요.

지옥의 재판은 한 번이 아닌 여러 번에 거쳐 이루어지며 망자는 보통 일곱 번째 지옥까지는 각 지옥에 일 주일씩 머무르며 재판과 형벌을 받다가 그 죄가 무겁지 않으면 다음에 환생할 곳이 정해집니다. 유족들이 망자를 위해 49일 동안 지내는 사십구재는 그 기간 동안 절에 불공을 드려 망자가 좋은 곳에 태어나기를 기원하는 것이죠. 그러나 죄가 무거운 망자들은 지옥에 계속 남아 죽은 지 백 일째 되는 날까지 여덟 번째 지옥에 머무르다 아홉 번째 지옥으로 넘어가 일 년을 보내고 열 번째 지옥에서 삼 년을 보낸 뒤에야 비로소 육도윤회가 결정됩니다. 이는 소상(1년), 대상(3년)을 마쳐야 장례가 마무리되는 유교의 장례 의식이 불교에 영향을 끼친 것입니다. 지옥의 왕 중 유일하게 투구와 갑옷을 쓴 장수의 모습으로 그려진 〈제10 오도전륜대왕도〉를 보면 지옥 중생들의 육도윤회를 결정하는 모습이 그려져 있습니다. 육도는 착한 사람들이 모여 산다는 천상, 우리가 살고 있는 인간 세상, 싸움을 일삼는 사람들이 모인 아수라계, 아무리 먹어도 배고픈 고통을 받아야 하는 아귀계, 가축으로 태어나 인간에게 부림이나 도살되어야 하는 운명의 축생계, 쉴 새 없는 고통에서 벗어나지 못하는 지옥을 가리키는 말입니다.

지옥도를 좀 더 자세히 볼까요? 각 그림에서 지옥 왕이 재판을 하는 장면 아래로 사람들이 형벌에 처해지는 모습이 우리의 눈을 잡아끕니다. 죄인의 혀를 뽑아 쟁기질을 하는 발설지옥, 날카로운 칼이 솟은 산에 던져버리는 도산지옥, 살갗을 벗겨 내장을 뽑아내는 박피지옥, 독사가 우글거리는 곳에 던져버리는 독사지옥, 펄펄 끓는 쇳물로 삶아버리는 확탕지옥, 철확에 넣고 쇠몽둥이로 몸을 짓이겨버리는 대애지옥 등의 참혹한 지옥 장면이 그려져 있습니다.

이렇듯 지옥 장면을 세세하게 묘사한 이유는 지옥도를 보는 사람들에게 죄를 짓는 것에 대한 두려움을 심어주어 그들을 선한 삶으로 이끌려는 의도입니다. 그런데 참혹한 형벌이 이어지는 지옥 장면에만 눈을 뺏기다 보면 놓치게 되는 것이 있습니다. 바로 화면 하단 귀퉁이에서 지옥에서 고통받는 중생들의 모습을 가슴 아프게 지켜보는 승려 한 분이 보일 겁니다. 저 분이 바로 지옥을 제 집처럼 드나들면서 지옥 중생을 교화하고 지옥에서 빼내기 위해 노력하는 지장보살입니다. 지옥에 지장보살이 계신다는 게 그나마 위안이 되긴 하지만, 지옥도를 오래 보고 있으니 식은 땀이 흘러 빨리 명부전에서 나가고 싶어지는군요. 저와 같은 증상을 보이는 분들이 많은 것 같으니 어서 다른 곳으로 옮깁시다.

삼성각

삼성각은 칠원성군, 산신, 독성을 함께 모신 곳입니다.

그런데 우리가 둘러본 다른 전각은 '전殿'이라고 하는데 이 곳은 왜 '각閣'이라고 할까요? 전과 각을 합쳐 흔히 '전각'이라 부르지만 전과 각은 그 곳의 사용자가 누구인지에 따라 다르게 붙이는 말입니다. 경복궁에 가면 왕과 왕비들이 기거하거나 자는 곳(강녕전, 교태전 등)은 전이라고 하고, 임금과 관련된 일로 신하나 상궁들이 사용하거나 들락거리는 공간은 각이라 붙여 놓은 것을 보셨을 겁니다. 사찰에서도 마찬가지로 부처와 보살을 모신 금당은 전이라 높여 부르지만, 불교가 기복적인 민간 신앙과 합쳐져 신앙하게 된 삼성을 모신 곳은 각이라고 붙여 차별성을 나타내는 거죠. 그래서 삼성각은 보통 상像을 세우는 대신 탱화로 대신했습니다만, 근래 들어 자그마한 석고상을 모시는 절들

삼성각. 경주 기림사.

이 늘고 있습니다. 그리고 사찰에 따라 칠성각, 산신각, 독성각으로 분리해서 짓는 경우도 있습니다.

칠성

칠원성군은 북두칠성의 일곱 별이 인간의 길흉화복을 지배한다는 도교의 칠성 신앙에서 비롯되었는데 불교가 중국에 들어오면서 각 성군과 그에 해당하는 일곱 명의 부처로 확장되어 불교에 흡수되었습니다. 칠원성군은 자손에게 복을 주고 수명을 연장시키고 장애와 재난을 없애주는 것 등을 관장한다고 여기면서 지금도 불교 내의 기복 신앙으로 각광을 받고 있습니다. 칠원성군과 일곱 여래를 다스리는 주존은 치성광여래로 밤하늘에 가장 밝은 북극성을 나타냅니다. 치성광여래

칠성탱. 서산 개심사.

의 협시로는 약사불의 협시보살이기도 한 일광보살(해)과 월광보살(달)을 내세웁니다.

칠성탱화는 보시다시피 중앙에 치성광여래와 협시인 일광, 월광보살을 배치하고, 주변에 일곱 명의 여래를 그린 뒤, 아래쪽에 다시 일곱 명의 관복과 관모를 쓴 칠원성군을 그립니다. 그 외에 북두자미대재, 태상노군(남극노인), 3태6성, 28숙 등의 별자리를 상징하는 인물들을 그려 화면을 채우고 있습니다. 따라서 칠성탱을 보는 것은 별들이 가득한 천체를 바라보는 것과 같은 셈이죠.

산신

산신(산신령)도 도교에서 유래한 신으로 국토의 3분의 2가 산악 지형

산신탱. 서울 경국사.

인 우리나라에서는 산신신앙이 특히 유행했습니다. 지금도 산악인들이 등반 전에 산신에게 제사를 지내며 무사를 기원하는 광경을 쉽게 볼 수 있습니다.

산신탱을 보면 긴 수염과 긴 눈썹을 휘날리며 주변에 불로초가 솟아 있는 소나무 등걸에 몸을 기대어 앉아 있는 산신이 보이네요. 산신은 옆에 자신을 시중하는 자그마한 동자와 거대한 몸집의 호랑이를 데리고 있군요. 산신을 따로 모신 전각을 산령각이나 산왕각이라고 하는데, 산왕(산의 왕)이라고 하면 떠오르는 동물이 없나요? 바로 호랑이입니다. 그림에는 산신과 호랑이가 각각 그려지긴 했지만 사실 둘은 하나입니다. 우리나라 사람들은 예부터 호랑이가 바로 산신령의 변화된 모습이라 믿었기 때문이죠. 그런데 호랑이와 소나무가 함께 그려진 구도의 그림은 많이 본 느낌이 들지 않습니까? 산신탱을 보고 우리나라 민화 '까치와 호랑이'를 생각해내셨으면 눈썰미가 좋은 분입니다. 산신탱은 다른 불화와 달리 민화의 정겨움과 전통이 깊게 배어 있는 그림이라 할 수 있습니다.

독성(나반존자)

독성은 스승 없이 홀로 깨달음을 얻은 이를 뜻하는 말로, 삼성각 안에 모셔진 독성은 나반존자라는 분입니다. 이 분은 숙명통과 천안통과 누진통(124쪽 참조)이라는 신통을 지니고 있어 중생들의 소원을 잘 들어준다고 합니다. 그래서 기복적인 소원을 빌러 절을 찾아오는 신도들의 사랑을

독성탱. 밀양 표충사.

독차지하는 분입니다. 하지만 영험하다고 알려진 나반존자의 정체에 관해서는 설이 분분합니다. 첫째로 십육 나한 중 한 명인 빈도라발라사(빈두로존자)라고 추정하기도 하고, 둘째로 조선시대 나한 신앙이 융성했을 때 나한전을 따로 짓지 못하는 사찰에서 십육 나한이나 오백 나한의 상징으로 삼성각에 함께 모시게 되었다는 설도 있습니다. 가장 특이한 견해로는 나반존자는 우리나라에만 존재하는 것으로 보아 단군이 불교에 흡수되어 나타났다는 주장(최남선)도 있습니다.

나반존자는 흰 머리에 수염과 눈썹이 하얗게 샌 늙은 승려가 자리에 앉은 채 한 손에는 지팡이를 쥐고 다른 한 손에는 단주를 들고 있는 모습으로 그려집니다. 세심사 독성탱은 나반존자 곁에서 차를 다리는 시동(시중드는 아이)과 소나무 주변을 뛰어 노는 학의 모습을 그려 놓아 나반존자가 고고한 신선인 듯 표현하고 있네요.

영각. 양산 통도사.

영각(조사전)

 영각은 사찰을 거쳐 간 역대 고승들의 진영과 위패를 모아 놓은 곳입니다. 진영은 승려들의 초상을 말합니다. 세심사 영각은 세심사 출신으로 깨달음을 얻은 뒤 높은 도를 펼쳐 존경을 받던 승려들의 초상과 위패를 모셔 놓고 기리고 있습니다. 영각은 사찰에 따라서는 조사당이나 조사전, 국사전 등으로 부릅니다. 조사란 선종에서 깨달음을 얻은 승려를 일컫는 말로 그 깨달음이 부처에 버금가거나 부처를 능가한다고 생각하기에 조사각 대신 조사전이란 이름을 붙입니다. 국사전은 승려로서 국사나 왕사의 자리를 역임한 승려의 진영과 위패를 모시기에 붙은 이름입니다. 유명한 송광사 국사전은 송광사에서 배출한 고려시대 16국사의 영정을 모시고 있습니다.

장경각. 양산 통도사.

장경각

　장경각은 불경이나 불경을 인쇄하기 위한 목판을 보존하고 있는 전각으로 사찰에 따라 대장전, 판전, 법보전 등으로 부릅니다. 대장전이나 법보전 등에서 각 대신 전을 쓰는 이유는 비록 불상을 두고 부처님을 모시는 곳이 아니지만 부처님의 말씀인 경전을 두는 곳이므로 결국 부처님을 모시는 것과 같다하여 전이라는 이름을 부여하는 것이죠. 장경각 중에 가장 이름난 곳은 팔만 개가 넘는 경판을 소장하고 있는 해인사 장경각으로 세계 문화 유산으로 지정되어 있습니다.

강원, 선원, 율원

　이 외에도 세심사의 곳곳에는 승려들이 기거하고 공부하는 공간이

승가대학이 있는 강원. 고창 선운사.

있습니다. 강원과 선원과 율원이 바로 그것입니다. 강원, 선원, 율원 등이 모두 갖추어진 사찰을 총림이라 부른다고 산문에서 말씀드렸죠? 이 곳은 승려들의 원활한 공부 분위기 조성과 수행을 위해 일반인들의 출입이 엄격히 통제되는 장소라 들어가지 못하고 담 너머로 슬쩍 훔쳐 봐야겠습니다.

강원은 행자 생활을 마치고 사미계나 사미니계를 받은 학승들이 공부하는 곳입니다. 사미(남)와 사미니(여)들은 강원에서 4년 동안 한문과 계율, 여러 경전을 공부하며 승려로서의 기본을 닦습니다. 회색 저고리 깃 위에 갈색 천을 덧댄 승복을 입고 다니는 학승들이 바로 사미, 사미니입니다. 강원에서 공부를 마치고 구족계를 받게 되면 비구(남)나 비구니(여)로 불리며 먹물 옷을 입는 승려가 됩니다.

선원(선방)은 비구계나 비구니계를 받은 승려들이 자발적으로 모여 참선을 하는 곳으로 깨달음을 얻기 위해 공동으로 수행하는 장소입니다. 율원은 강원을 졸업한 승려 중에 계율을 깊이 공부하려는 사람들을 위해 운영하고 있습니다.

이제 세심사의 주요한 전각들은 모두 돌아보았습니다. 그밖에 절의 사무를 처리하는 종무소, 승려나 신도들이 잠을 자거나 머무르는 요사가 있고 사찰의 유물을 보관, 연구, 전시하는 성보박물관이 있습니다.

여러분들이 세심사와 조금이나마 친밀해지고 다른 사찰에 가서도 초롱초롱한 눈으로 이곳저곳을 둘러보는 계기를 제공했다면 바랄 것이 없겠군요. 아쉽지만 이것으로 세심사를 떠나 세상으로 발걸음을 옮겨야겠네요. 모두 수고하셨습니다.

더 읽어 볼 책

『사찰에서 만나는 불교 미술』 동국대편집위원회 (대한불교진흥원)
얇은 책 두께에 비해 빠진 것 없이 다 들어간 불교 미술 안내서. 초심자가 사찰을 찾을 때 사전 삼아 들고 다니기에 좋다.

『불교 미술을 보는 눈』 김영재 (사계절)
불교 미술을 깊이 있는 시선으로 바라볼 수 있게 만드는 인문 교양서. 궁금했던 불교 미술의 비밀과 근원을 경전과 일반 회화 전반을 오가며 대중적으로 풀어내고 있다.

불상은 왜 금빛인가요?

초기 불교의 사람들은 깨달음을 얻은 이와 그 진리를 감히 형상으로 표현할 수 없다고 생각했기에 석가모니 입멸 후 500여 년이 지나도록 부처의 형상을 만들지 않았습니다. 하지만 석가모니의 가르침과 말만 가지곤 만족할 수 없었던 후대의 대중들은 경전에 기록된 근거를 바탕으로 석가모니의 형상을 만들어내는데 이것이 바로 불상의 시초입니다. 불상은 위대한 성인이 지니고 있다고 인도인들이 믿어오던 '32길상'과 '80종호'를 바탕으로 제작되었습니다. 부처가 일반 사람들과는 다른 '32길상 80종호'를 가지게 되는 까닭은 수많은 수행을 한 결과로 얻은 모습이라고 합니다. 서른두 가지 길한 모습과 여든 가지 세부적인 신체적 특징들은 경전마다 다소 차이를 보이지만 '32길상 80종호'가 금당에 모셔진 불상엔 대략 다음과 같은 모습으로 나타나 있습니다

아미타불(고려시대). 서울 개운사.

소라 모양으로 오른쪽으로 감긴 검은색 머리카락(나발), 머리 중앙에는 볼록 솟아오른 상투 모양의 살(육계), 미간 사이에 눈부시게 빛나는 흰 털(백호라고 하는데 빛나는 유리나 보석을 박아서 표현합니다.), 둥글고 원만해 보름달 같은 얼굴, 붉고 윤택한 입술, 두텁고 길게 늘어져 있는 귀, 곧고 반듯한 몸, 부드러운 곡선을 지닌 어깨, 내리면 무릎을 지날 만큼 긴 팔, 평편하

고 반듯한 발바닥(평발), 자주빛을 띤 금색의 몸, 둥근 광명이 사방으로 뻗치는 모습(불상 뒤에 불꽃 문양으로 조각해 놓은 광배)이 불상의 특징이자 '32길상 80종호'의 간추린 내용입니다.

불상은 돌을 쪼아 만든 입체적인 형상을 만든 것(석조), 바위에 선이나 부조로 새기는 것(마애), 나무로 만든 것(목조), 철로 만든 것(철조), 동으로 만들고 금칠을 한 것(금동), 금으로 만든 것(금제), 은으로 만든 것(은제), 동으로만 만든 것(동제), 흙을 빚어 만든 것(소조), 종이 위에 옻을 칠해 만든 것(건칠) 등이 있습니다. 현재 우리나라에 가장 많이 남아 있는 불상은 석불이나 마애불입니다. 석불이나 마애불에 흰색이나 붉은색을 덧입히는 경우도 있지만, 다른 재료로 만들어진 대다수의 불상에는 경전의 기술을 따라 금으로 칠을 하는 것이 보통입니다.